公民不盲從

生而為人，如何有尊嚴地活著

—［法律白話文運動］—

目次

序論：人權崛起的歷史背景

本書就《世界人權宣言》中三十條的規定，用不同的故事來討論不同的權利。法律終究是社會的產物，條約內容經常囿於國際現實、各地倡議進程、公民社會與政府之間的妥協，然而這不該限制了我們對生活與政治的想像、對國家及其他壓迫者的批判。既然人權仍是當代共善（common good）的核心價值，當適應於屬於台灣、屬於今天的社會脈動，並永遠懷抱著「人人生而自由，在尊嚴與權利上一律平等」的終極目標。

傳統上國際法只處理國與國之間的法律問題，而國家管轄下的自然人，過去並非國際法所關切的議題；至於公民權利則是各國的內部事項，透過國內法處理即可。直到第二次世界大戰對人類的傷害震撼了國際社會，眾人體悟到對人的保護不該局限在國內層次，而應超越國家政府，才能凸顯人權並非國家給予人民的恩惠，資格也不以公民為限。

一九四八年十二月十日，聯合國大會通過了《世界人權宣言》（Universal Declaration of Human Rights），那是第一份全球性的人權保障文件，這一天也被訂為人權日。值得一提，同年五月二日泛美會議（Pan-American Conference）通過的《美洲人權及義務宣言》（American Declaration of the Rights and Duties of Man）則是世界上第一份跨國人權文件。

當時《世界人權宣言》並不具有法律拘束力，而是一個政治宣示，時直今日，宣言內容早已成為習慣國際法的一部分。一九六六年聯合國大會再通過了《公民與政治權利國際公約》及《經濟社會文化權利國際公約》，將宣言內容規範化，也規定得更詳盡。而《世界人權宣言》與兩公約也被合稱為「國際人權憲章」（International Bill of Human Rights）。

此外，聯合國大會這數十年來又陸續通過了《消除一切形式種族歧視國際公約》、《消除對婦女一切形式歧視公約》、《禁止酷刑和其他殘忍、不人道或有辱人格之待遇或處罰公約》、《兒童權利公約》、《保護所有移徙工人及其家庭成員權利國際公約》、《身心障礙者權利公約》及《保護所有人免遭強迫失蹤國際公約》。這些文件加上兩公約，又經常被稱作「聯合國九大核心人權公約」。

逐步累積的人權規則，來自跨國社會運動串連與倡議的成果，可見人權規範會依著新的社會現象、因應新的時代需求，而不斷更新內涵。對於新興議題（如氣候變遷與極端氣候、各種環境污染、現代奴役、墾殖殖民主義與新殖民主義、高齡化、通訊科技與平台經濟等），公約文本之闕漏，至多只能說是暫時缺乏條約法源，但無法詮釋成公約否定某種特定權利之存在，或否認特定人群所承受之傷害。人權公約裡的文字亦會透過與時俱進的解釋文和判例長大，這點與傳統上只處理國與國之間關係的條約非常不同。

有權利即有義務——作為人權義務的主要承擔者，至少擁有三個層次的法律義務，如尊重義務（不干涉人們的自由）、保護義務（排除第三者對人民的危害）

與滿足義務（積極促進、提供並推動相關制度及配套措施）。但國家也是歷史上人權的主要侵害者，因此確保救濟制度之暢通亦相當重要。世界人權會議於一九九三年六月二十五日通過之《維也納宣言和行動綱領》（Vienna Declaration and Programme of Action）確認了條約義務是以國際社會中的最大公因數作為人權保障之最低標準，而高於這個標準，當然更好。

除了聯合國人權機制，各區域性組織也發展出自己的人權系統，如一九五〇年的《歐洲保障人權和基本自由公約》、一九六九年的《美洲人權公約》及一九八一年的《非洲人權與民族權利憲章》。不同區域有其政治、經濟、社會、文化與發展上的差異，因此可能著重不同人權爭議，也建置了各自的人權法院，唯人口最多的亞洲卻尚無正式的區域人權規範體系，這或許出於亞洲各國之間仍有太多未解的歷史恩怨，以及幅員太大包含太多差異與多元，因此欠缺整合人權保障的觀念與方法。

由於特殊的國際處境，離開聯合國前，中華民國只來得及完成批准並存放《消除一切形式種族歧視國際公約》，在一九六七年簽署兩公約後卻也來不及批准，因此大部分的人權公約都是後來想方設法納入國內法律系統的。台灣於二〇〇九年主動批准兩公約，展現自願遵守人權規範之意志，在國際法上，須受到自己單方承諾所生之法律義務的拘束。

除兩公約施行法，台灣也相繼通過了《消除對婦女一切形式歧視公約施行法》、《兒童權利公約施行法》及《身心障礙者權利公約施行法》。然若無妥適的監督機制，難免淪為紙上談兵，因此台灣建置了各公約國家報告制度，邀請國際專家組成審查會議，檢視人權規範在台灣的在地實踐。對內，台灣也建立了「國家人權委員會」，因設在監察院轄下，其能否成功轉型為推動人權保障的機關，仍有待觀察。

二戰結束後，世界各地的人們看盡殘暴的國家機器如何輾壓自己或其他國家的人民，因此聯合國成立時，各國即把人權保障視為這個國際組織最重要的目的之一，並迅速通過了《世界人權宣言》。沒想到後來國際社會又遭遇一波波民族解放浪潮、冷戰與不結盟運動（Non-Aligned Movement），導致人權規範曾被束之高閣、形同具文好一些時光。

人權法典化是為了賦予人民對抗國家暴力和歧視的武器——締約或修改條文都太困難，但我們能透過重新詮釋、擴充文義，讓人權法持續保持其活力和韌性。反之，若任由政府恣意排除或限制人權內涵，將失其最初捍衛個人尊嚴及促進社會正義的精神。這也是一開始想編輯這本書的主要目標，希望提供讀者一些關於人權與基本自由的基本認識，學習相關語彙後，用以觀察自己與其他人的生活處境，進而勾勒出心目中理想社會的藍圖。

最後，非常感謝人生百味文化建構協會、民間司法改革基金會、冤獄平反協會、數位女力聯盟、新活力自立生活協會、台灣國際勞工協會等組織的夥伴與我們分享他們在台灣從事人權工作的經驗。人權不只是曲高和寡的倫理規範或哲學意見，更是在地與跨國社會運動的印記，是倡議者與抗爭者追求尊嚴與正義的論述工具，具有糾正並指導國家的能力，也能撐開多元群體彼此對話的空間，確保弱勢者的聲音能被聽見。因此，我們也希望透過這本書，謹向台灣社會中所有的人權捍衛者（human rights defenders）致上最深的敬意。

第一章　我們天生自由而且平等

我們生來就是自由的。我們都擁有自己的觀念和想法。我們應該被同等對待。

《世界人權宣言》第一條開宗名義表示：「所有人生而自由，在尊嚴及權利上一律平等。人人天生賦有理性和良知，而應以手足之情相互對待。」人之所以為人，是因為我們能運用邏輯思考、透過理性判斷，擁有良知、同理心與正義感，而能做我們相信是對的事。姑且不論社會化後的我們，對於何謂「對的事」可能持不同意見，但至少我們都希望有權利選擇自己覺得最佳的觀點與方式，能自由表達意見，並被認真地當成一回事。人權要求國家和整體社會應盡力確保人人在追求自我選擇的生活方式與信仰時，受到尊重與保護。

不論「理性」與否，都不能作為剝奪人權的藉口[1]

人權人人皆享有，大明星也不例外。二〇二一年六月二十三日，年近不惑之年的知名歌手小甜甜布蘭妮（Britney Spears）出席加州洛杉磯高等法院線上聽證會，請求終止對自己多年來的監護宣告。

年輕讀者或許不知道布蘭妮是誰。十六歲的布蘭妮在一九九八年以首張個人單曲《…Baby One More Time》登上美國告示牌專輯冠軍及全球流行音樂排行榜榜首，首張同名專輯也創下青少年歌手最暢銷紀錄，至今沒人能突破。不過，人紅是非多，布蘭妮成為八卦媒體的目標，負面新聞不斷。二〇〇四年布蘭妮與前夫閃婚並育有兩個孩子。二〇〇七年離婚，雙方皆積極爭取孩子的親權。前夫稱布蘭妮是不稱職的母親，並質疑其心理健康。

二〇〇八年一月警方發現布蘭妮藥物濫用將他送院治療，他對孩子的親權也被法院中止。依據加州法規，布蘭妮被認定對自己和他人可能造成危險，而被迫留在精神病院七十二小時。二〇〇八年二月一日，布蘭妮的父親以健康問題為由，向洛杉磯法院申請替布蘭妮設置臨時監管（conservatorship），由他代管布蘭妮的工作與財產。

雖然布蘭妮的爸爸一再強調努力讓女兒快樂健康，不過布蘭妮從二〇二〇年開始向法院要求解除父親作為自己的監護人。布蘭妮的律師指出，「他很害怕他的父親。」布蘭妮在法庭中表示自己被迫違背意願行事，被迫巡迴表演無法休息，被迫服用會使自己感到不適的藥物。此外，他無法自由使用自己的錢，行動被監控，甚至無法拜訪朋友，子宮還被裝上節育器而無法受孕。布蘭妮表示，監護期間讓他相當痛苦，「我應該擁有與任何人一樣的權利。」此番陳述引發軒然大波，社群媒體上出現了「#FreeBritney」的貼文聲援布蘭妮。

在台灣，除了未成年人，有些成年人可能會因為精神障礙或其他心智缺陷而被法律認定為「不完整的人」，需要他人保護並代理。所謂「不完整」是因為這些人被預設不具有一般人的理性，而可能無法完全理解社會生活中許多行為而做錯決定，進而影響到自身權益（這當然極具爭議，生活中「搞不清楚狀況而做錯決定」的人不也到處都是）。這個程序將限制個人自由與財產權，因此需專業鑑定及法院許可，而監護人為當事人所做的決定，都必須以當事人的權利保障及最佳利益為出發點。

回到布蘭妮的案例，一來他的狀況似乎並非典型受監管的類型（如認知障礙、嚴重的發育或智能障礙、思覺失調症患者等）。二來，禁止生育、禁止社交也非監管常態，很難說有助於保護布蘭妮的權益。倘若布蘭妮的法庭陳述為真，其監護人對其造成人權上的威脅，政府就應該重新評估，撤銷原本剝奪她自主能力的決定，取消父親的監護資格，以保障布蘭妮的尊嚴與自由不再受到來自國家及其他人的騷擾。

《身心障礙者權利公約》的第一號一般性意見就曾指出，監護制度可能使障礙者面臨自由被剝奪、權利遭受侵害，因此監護制度應是給予障礙者「輔助」而非「替代」決定，以其意願及最佳利益為基礎。亦不能以監護為藉口，限制其他權利，如選舉、結婚、生育、建立親密關係、尋求醫療等。由此出發，監護制度如何平衡個人自主、人權保障與受監護人的利益，是所有社會的重要課題。

人權是為了使人有尊嚴地活著，最低限度的保障[2]

自從二〇〇九年台灣推出各項國際人權公約的「施行法」以來，針對種種膠著的公共議題，公民社會又多了一項論述工具：人權！在規範意義上，國際人權法是國家必須遵守的國際法。台灣因國際地位特殊，無法將各項人權公約批准書「存放」於聯合國祕書處（除了中華民國代表權被中華人民共和國取代前所締結的《消除一切形式種族歧視國際公約》之外）。然而，台灣透過制定「公約施行法」，已明確將公約內容轉換成國內法律體系的一部分。關於國際人權規範的特質，有三點需要特別釐清。

其一，國際人權法要求的是最低度的保障。「只要身為人即應享有的權利」是為了確保人們能維持基本生計、有尊嚴地活著，而因此不可或缺的權利——即人之所以為人而「必定不能欠缺」的權利。承認人權義務之後，國家對所有人的尊重與保護，只能比人權標準要求的更多，不能更少。舉例來說，關於《公民與政治權利國際公約》的人權委員會第十三號一般性意見中，就表示儘管是刑事案件中的被告也享有基本人權保障，包括以他所了解的語言告知他被控訴的罪名等，而這只是最低限度的程序保障，國家當然還能給予更完善的制度來確保他受到公平審判。

再來，如上面不斷強調的，所有「自然人」都是權利享有的主體。人權規範關注的國家及其管轄領域（有實質控制的）範圍內所有人之間的關係。也就是說，人權保障的目的就是「人」本身，而享有人權這件事毋須仰賴憲法或法律之賦予。人權如何實現也因此需要人的自由意志、意見表達與參與，而這預設了人民是公共生活中知情且積極的參與者，而不僅是政策決定下被動的對象。

最後，所有「人的權利」都是普遍的（universal）、相互依賴（interdependent）且彼此關聯的（interrelated）。人權是人基於尊嚴所應享有的權利，同時也表示人權是普遍的，世界上每個角落的每一個人都應該平等擁有的。誠如一九九三年世界人權大會所通過的《維也納宣言和行動綱領》表示：儘管各個社會的歷史、文化、宗教、政治經濟體制皆有差異，但都承認人權的重要性。這也表示國家在提出任何人權政策或方案時，應使所有人——不分性別、年齡、國籍、種族、社經地位、信仰、政治意見——平等地受到保障。

由於所有的人權具有同等的重要性（皆與有尊嚴地活著緊密相關），因此彼此間不存在孰重孰輕的問題。所有人權彼此相互關聯——某權利受到侵害，連帶使其他權利受到威脅，而某權利是否被完善保障，亦取決於其他權利的實現狀況。因此，任何權利的完全滿足，都不是孤立的，只有當全部的權利都受到保障了，我們才能說國家盡了人權義務。

國際人權法是人類社會對戰爭、大規模歧視事件深刻反省後的產物。當我們以國際人權法作為論述工具，必須認知到人權不是自助餐，不可以「挑食」，也不能一廂情願地想像它是無敵星星，畢竟它只要求了最低保障，而且經常受制於政治包袱與現實生活中不平衡的權力關係。法律文字是枯燥的，但人權是浪漫的，就像沒味道、容易被誤會是麥子，但其實高纖又富含Omega-3的藜麥，好好烹調就會既營養又好吃。

---

1 改寫自蔡孟翰，〈Let me be free one more time，天后布蘭妮爭取打破監管人生〉，法律白話文運動。

2 改寫自劉容真，〈人權就像藜麥，沒味道但很營養〉，法律白話文運動。

思辨與討論

- 本章中，我們提到「人人生而自由且平等」，這也是人權的基礎。不過，這其實引發了一個哲學與科學上的難題——我們怎麼定義「人」呢？人的組成成分是什麼？

線索：哈拉瑞（Yuval Noah Harari）出版的「人類三部曲」（《人類大歷史》〔*Sapiens: A Brief History of Humankind*〕、《人類大命運》〔*Homo Deus The Brief History of Tomorrow*〕及《21世紀的21堂課》〔*21 Lessons for the 21st Century*〕）中，從科學與文化的角度討論「什麼是人？」

- 這問題之所以重要，在於若有某生物、某族群被視為「非人」，它們似乎就理所當然沒有人權，而因此不受到相關規定之保障。你想得到有哪些駭人聽聞的例子嗎？

線索：種族主義（racism）與殖民主義（colonialism）的興起，如何合理化過去對原住民族的大屠殺、對非洲黑人之奴役與買賣，都值得了解深思，今日亦時有所聞。

第二章　不該有差別待遇

不管我們的差異是什麼，這些權利是屬於每一個人的。

人權之所以特別，在於它是普遍的，是無論如何都無法從「人」本身割裂或讓渡出去的。不論一個人在哪出生、身處何地、幹過什麼事、與誰成為朋友，又與誰結為連理。《世界人權宣言》第二條就提到：「人人皆得享受本宣言所載之一切權利與自由，不分種族、膚色、性別、語言、宗教、政見或其他主張、國籍或出身、財產、出生或其他的身分。」而且每個人享有人權這件事，「不可以因為一人所屬的國家或地區之政治、行政或國際地位之不同而有所區別，無論該地區是獨立、託管、非自治或受有其他主權上之限制。」

除去生活中的障礙，努力使所有人平等享有人權[1]

台北市政府社會局承租了捷運古亭站的聯合開發住宅「奧斯町公寓大廈」二樓約九十坪的空間，委託喜憨兒基金會開設「古亭小型作業場所」（小作所）照顧心智障礙及自閉症患者。二〇一九年五月基金會欲前往施工時，遭到管委會阻擋，爾後奧斯町管委會不僅在區分所有權人會議上，以逕自離席的方式拒絕討論是否讓小作所進駐，更張貼公告請住戶不必出席社會局另行召開的說明會。

「小作所」是一種日間社區服務模式，其參考了其他國家的身心障礙者照顧經驗，依據二〇一二年頒布的《身心障礙者個人照顧服務辦法》設置。具體來說，小作所是兼有提供身心障礙者日間照顧及作業活動的一種作業設施，主要服務對象是十五歲以上，具有相當程度生活及工作能力，但整體評估還不足以進入庇護工廠或支持性就業體系的身心障礙者。相較於過去與世隔絕的「機構式」照顧模式，透過作業活動（如包裝作業、櫃檯服務及餐飲調製）與文康休閒活動（如義賣、音樂及舞蹈表演活動），小作所可以提供障礙者更多與他人接觸互動的機會，減緩生活能力退化，也能給他們的照顧者多一些喘息空間。

根據《身心障礙者權利公約》的規定，國家應使障礙者能夠「自立生活與融入社區」，因為就跟所有人一樣，身心障礙者也會隨著年齡增長，需要養成獨立生活的能力，並且也有參與社會活動的需求。《身心障礙者權利公約》的第五號一般性意見就強調，「所有生命價值皆為平等」，而這些理念也被融入到我國二〇一四年制定之《身心障礙者權利公約施行法》之中，而《住宅法》也納入了「居住權利平等」等人權規範。

身心障礙者絕非生活安全的威脅，因為所有人都一樣，都試圖努力且有尊嚴地生活著。從這個角度出發，針對奧斯町管委會拒絕小住所進入、排斥心智障礙者的作法，台北市政府社會局強調，這可能已經構成歧視，而違反了《身心障礙者權益保護法》。針對障礙者是否能夠自立生活並融入社區，政府除了有義務保護之外，更該有更積極的作為。

每個人或我們身邊的人都有可能成為身心障礙者，而我們一定不願遭受來自他人的排擠與不公平對待，因此我們應當了解到，身心障礙福利設施並非鄰避設施，能夠與相關支持設施完美融合的社區，才是良善平等社會的象徵。事實上，有房仲業者接受採訪時表示，從實價登錄資料來看，身心障礙服務設施的進駐並不會對房產交易價格造成負面影響，甚至因為社福機構定期舉辦睦鄰活動，反而在社區營造更好的形象。

古亭小住所事件後來還算圓滿落幕，也順利建置成功，但過程中著實引發了我們對於人性本善的期待。每個人享有人權這件事，不應該因為身心狀態不一樣而受到不公平的待遇。所謂的「障礙」，其實不只是個人本身生理與心理的特殊狀態，更是社會環境不友善（包括社會排斥、缺乏無障礙空間、污名等）對他們的生活形成了阻礙。而排除來自社會環境的障礙，是所有公民都應該努力的目標與責任。

國家應採取一切措施，確保沒有人遭受歧視待遇[2]

歧視性的待遇充斥在所有社會中，相關爭議屢屢登上新聞版面。觀察大多數的國際人權公約，我們會發現在公約結構上，都會在列出個別權利和國家義務前，設下權利保障的「不歧視條款」，例如兩公約的共同第二條第一項。或如《身心障礙者權利公約》特別將實質平等（substantive equality）的概念，規範在第五條的不歧視條款之中，重申人權的平等享有，是人權保障的一般性原則。

不過，許多公約未對「歧視」明確定義，而這正是國際人權公約的特色——使用描述性文字保留空間，使監督機關後續得以做出因應時代解釋，同時給予締約國自行認定的空間，以達到保障範圍的最大化。人權公約在乎的是人的權利及國家確保權利實現的義務（垂直關係）。至於不同社會文化脈絡下，人與人之間的偏見以及人與社會結構的互動（水平關係），才是國家保障權利時應考慮的因素，而這些因素難以呈現在公約文字上。

根據《公民與政治權利國際公約》第十八號意見書，人權委員會將歧視定義為

「基於特定分類方式而區別、排斥、限制或優惠特定群體，這樣的分類的目的與效果將導致權利無法被平等享有。」較為常見的分類方式則包括性別、性別認同、性傾向、障礙狀態、疾病、種族、地域與出身、宗教、文化、外貌、年齡等。當然，不是所有的區別待遇都是歧視，但國家必須注意的是，任何區別都應該是合理且客觀的，並且是為了達成公約所允許的目的，通常需要針對個案來判斷。

兩公約要求國家在履行各項規定時，應盡力確保權利的平等享有，而為了促進不同群體之間實質的平等，《公民與政治權利國際公約》第二十條的規定就要求國家應以法律禁止鼓吹種族、民族或宗教仇恨等主張，而這種規定並不會違背言論自由的目的。另外，包括台灣在內有很多國家都有機會平等法（如《性別工作平等法》），以提供法律救濟制度。有時候，歧視是由私人機構所造成的（如奧斯町管委會），此時國家應採取行動杜絕這個狀況繼續發生，而這就是人權保護義務之展現。

針對種族歧視這件事，中華民國政府在離開聯合國前簽署並批准了《消除一切形式種族歧視國際公約》，不需要施行法就應該負有相關法律義務。不過目前我國僅有一條《入出國移民法》第六十二條規定，「任何人不得以國籍、種族、膚色、階級、出生地等因素，對居住於台灣地區之人民為歧視之行為。」然而，特定事件是否構成歧視是由內政部（移民法規主管機關，而非法院）認定，且僅能「限期改善」，若未改善處以罰鍰。《居住臺灣地區之人民受歧視申訴辦法》對申訴機制設下重重門檻，對於申訴決定不服亦無法再救濟。

人權法或許並未明文要求國家制定統合性的平等法。事實上，各個國家的社會文化不同，各國應依其脈絡需求處理國內的歧視問題。因此，重點在於全體社會都一起認真地面對歧視真實之存在。台灣說大不大，卻承載了不少多元群體，或許台灣人普遍善良溫暖，會出現歧視爭議大多出於群體之間缺乏認識、權利意識不足等，但正因為如此，我們更應該期待政府有所作為，制定法律承擔去污名、反歧視的責任。

---

1 改寫自莊佳叡，〈人性真的本善？從「古亭小作所」事件看身心障礙者的困境〉，法律白話文運動。

2 改寫自劉容真，〈台灣最美的風景是……？人權法的平等與不歧視〉與〈台灣最美的風景是……？反歧視專法能對抗川普化嗎？〉，法律白話文運動。

思辨與討論

- 本章中，我們提到所有人應被一視同仁地享有所有人權，但我們也都清楚知道，世界上沒有任何一個人與另外一個人完全一樣，那人權法應該如何看待那些差異呢？

線索：平等應追求齊頭式的平等（女人進入職場與男人競爭）、保護主義式的平等（禁止女人夜間工作）或看見並包容差異的平等（女男依其特質分工分別評價）？

- 如果社會中，有的群體就是比主流社會還要弱勢，那麼國家可以給予弱勢群體較優惠的待遇（如立法院保障名額、考試加分等）？此外，又該如何定義「弱勢」呢？

線索：「社會弱勢」（socially disadvantaged）是基於社會結構的原因，導致一個人欠缺與其他人相同的機會、能力或支持系統。那麼《住宅法》第四條規定中的各種「弱勢」是否合理呢？

第三章　生存的權利

我們都有生存的權利，並且可以自由與安全地生活。

生活是件辛苦的事。會覺得辛苦，因為我們有感知有情緒、會觀察與比較、能彼此交換感想。正因為是人，所以懂什麼叫辛苦，說到底都只是想好好活著。《世界人權宣言》第三條提到：「人人有權享有生命、自由與人身安全。」要安身立命，需要國家和其他人尊重我是一個有自主意識、能體會辛苦的個體，同時我也願意如此待人。這麼微小的願望其實就是人權規範中所謂「免於恐懼」及「免於匱乏」的自由——不想成天害怕國家的恐嚇與壓迫或來自其他人的騷擾和威脅，也不想要每天光是擔心溫飽或疾苦，而無法做其他事。

活著不僅是攸關生存與否，更要被視為人地活著[1]

二〇一一年當代漂泊協會在立法院公布台北市議會公報中工務部門的質詢記錄。台北市議員應曉薇在質詢時，要求政府在清晨六時及深夜十一時在遊民聚集處噴水，「不能只灑外面，誰往遊民身上灑，就撥獎金，因為這些遊民真的太糟糕了！」表示這是「用智慧的方式解決遊民問題」。應曉薇當時說：「大部分都是好逸惡勞的人聚集在該處當遊民，製造了髒亂」，若向遊民噴水，「全萬華區的居民都會感激你。」該協會還播了一段十二月十一日深夜在艋舺公園拍的影片。影片中有三名警察看著遊民收拾地上厚紙板、雜物，隨後清潔人員就以水柱朝地板噴水，一旁坐躺在地上的遊民則紛紛動身蜷曲到椅子上。

支持潑水的民眾多半相信貧困都是出於自身不努力、缺乏工作技能，因而無以為繼，認為他們咎由自取。甚至有人認為社會福利政策會損害勞工與企業進取的動力，進而拖垮整體經濟發展，根本是一件浪費資源且沒有效率的事。因此，許多的福利體制把低收入者視為不得已的服務對象，也常會讓受助者被烙印上負面印象。然而，許多研究指出，大多數無家者都具備相當高的環境適應能力與韌性，他們也因彼此需求相近，透過聯繫逐漸形成互助網絡，透過相互扶持與分享，展現了為了生存而另類綻放的生命姿態。

所有人權公約中都不斷強調，一個人活著不僅僅是生存與否，更要被視為人、有尊嚴地活著。《中華民國憲法》第十五條即明確保障人民的生存權，基本國策與增修條文第十條也能看見修憲者積極賦予國家建置各種社會福利的努力，比方應重視社會保險及醫療保健等工作，優先編列社會救助和國民就業等救濟性支出。因此，在分配福利資源或選擇福利措施時，政府不得一味強調多數人意志之展現，而不管人權與基本自由等考量。

若從「有尊嚴地活著」的概念出發，個人不得被貶低為被公權力宰制的客體，而當個人處於無以維生的狀況下，應可基於生存人權的規定，向國家請求基本生活條件照顧的權利。根據司法院大法官第五五〇號解釋：社會福利，就是國家努力讓人民享有符合人性尊嚴的生活，所做的各種照顧。

因此，一個國家不能只保障有財產者之財產，而忽略無產階級之生存權及工作權，當人民無法自己負責其生計時，國家有積極照顧其最低生存需求的義務。也就是說，制憲者認為固然生活中的各種享受，都應該透過個人的努力，自我負責地主動爭取，所以有關個人自我實現所需之各種周邊條件，而國家只是居於「補充地位」，等到人民生活無以為繼時，國家就應該介入照顧。

關心社會中另類的生活方式，其實也能促進群體之間正向的連帶關係，有家者與無家者亦不應處於對立關係。艋舺公園是許多無家者最後依憑的所在，他們沒有地址、沒有親人，更常被主流社會邊緣化。在那裡，他們勉強能暫時歇息，交換不多的工作機會，還可以聊天放鬆心情，排解漫漫長夜所累積的孤單。因此，國家為無家者提供照顧時，不僅不應剝奪他們的生存空間，更應積極考量因各項因素所產生之不同生存需求。

國家能賜死人民嗎？人權法中最難解的爭議之一[2]

人權並非國家所賦予的權利，而是先於國家、任何社會與法律制度出現前就存在了，而人權的內涵就在於體現對人之尊嚴的尊重，每個人都是有自主性的主體，而不會淪為被他人或國家所支配的客體。從《世界人權宣言》、《公民與政治權利國際公約》到各區域人權公約，皆高度肯定生命的價值。生命是人權所表彰的權利項目，死刑卻允許國家以主權的力量剝奪個人的生命。然而，肯定生命權的重要性，就一定會廢除死刑嗎？

《公民與政治權利國際公約》第六條第一項規定：「人人皆有天賦之生存權。此種權利應受法律保障。任何人之生命不得無理剝奪。」這是否意謂著，若非無理的情況下，生命是可以被剝奪的呢？第六條其他項規定則要求國家在保有死刑制度的情況下，死刑應限於情節重大的犯罪、要給予死刑犯請求特赦或減刑的機會，而不得對未滿十八歲的人或孕婦執行死刑。可見，《公民與政治權利國際公約》並未絕對禁止死刑，但第六條第六項仍要求國家以廢除死刑為目標。

依照社會契約論，人民為了保護自己不受到他人的侵害，犧牲自己部分的自由給國家，以遵循眾人所設計的政治制度與法律。在追求社會秩序的前提下，國家可能會拿走我們的財產（如罰金罰鍰）、自由（如有期徒刑），而「生命」（如死刑）有可能是社會契約下個人可以被犧牲的權利嗎？

假如一個社會有共識認為「一個人不可以殺害另一個人」，那麼國家（眾人的集體）可以殺害一個人嗎？回到生存人權的定義——我們是否把人權視為「人身為人」的權利、是否人人平等，而活著是否為「作為人」最基本的條件？若以上答案皆是，那麼人不分好壞，與「身為人，作為人」最密切關聯之「活著的權利」則成了無論如何最不應該被剝奪的權利，否則其他好好活著的自由都將不復存在了。

雖然《公民與政治權利國際公約》未嚴格要求國家廢除死刑，但公約的第二任擇議定書是關於廢除死刑的，目前有八十幾個締約國。自二〇〇九年，歐盟所有會員國都受到《歐洲人權公約》的拘束而全部廢除死刑。自從我國二〇〇九年通過《公民與政治權利國際公約及經濟社會文化權利國際公約施行法》，說明中提及「為提升我國之人權標準……自應順應世界人權發展之潮流，徹底實踐此兩公約」，國際社會就會用我們自許的標準檢視我們。這也是為什麼每當台灣執行死刑時，常會招致已全面廢除死刑的歐盟國家之批評。

死刑犯有人權，難道被害人沒有人權嗎？當然有——在人權法下，國家除了有不主動侵害個人權利的尊重義務，更有避免個人權利不受到他人侵害的保護義務，因此國家須妥善預防犯罪。若國家已經盡到事前預防義務（如立法、警察等），好人還是遭到殺害了，國家則應提供適當的救濟，並處罰加害者，才算真正盡了保護義務。不過「以其人之道還治其人之身」只是處罰的一個選項，一個社會能否在允許國家殺人之外，共同尋求其他彌補損害、尋求正義的方式，這項課題則落在所有公民的肩上。

---

1 改寫自王鼎棫，〈母湯潑水外，救助街友更是國家應盡的義務〉，法律白話文運動。

2 改寫自蔡孟翰，〈死刑存廢的百年論辯——從人權的觀點出發〉，法律白話文運動。

思辨與討論

- 本章中，我們提到活著不僅僅是活著，更要活得有尊嚴，因此與免於恐懼及免於匱乏的自由緊密有關，是否能舉一些例子說明，怎樣是活得戰戰兢兢、有失尊嚴呢？

線索：黃克先的《危殆生活》提供了重要的社會學觀察，本書後記裡也有值得思考的例子，幾個非政府組織工作者所分享的故事與他們服務的人群，都很適合參考。

- 如果人權要求國家盡全力保護所有人的生命，保衛我們的安全，並盡量排除對我們生命造成威脅的危害，甚至風險，那麼國家能夠殺人嗎（如死刑、戰爭等情況）？

線索：死刑是個難解的問題，可以看看「台灣廢除死刑推動聯盟」歷年來的倡議與救援行動，法律白話文運動網站上也有「死刑存廢專題」，涉及不同觀點，可供參考。

第四章　不要有奴隸制度

沒有人有任何權利把我們當奴隸。我們也不可以把任何人當成奴隸。

我們生來本是自由的，但成長過程中，周遭環境使我們認知到自己的生活並非完全自主。在各種勞動關係中，如此體悟更深，我們的意願被漠視、我們的福祉被忽略、我們的能力被壓抑，而努力並未為我們帶來更好的生活。《世界人權宣言》第四條強調：「任何人不容使為奴役；奴隸制度及奴隸販賣，不論出於何種方式，悉應予以禁止。」在當代社會中，奴役的樣貌難以辨別，人們可能誤以為有所選擇，而未必意識到自己的心力其實被某種強迫關係限定了。可是，生而為人，應當擁有選擇，而那些選擇應使人感到自由才是。

為調和私領域中失衡的權力關係，法律必須出手[1]

二〇一六年「一例一休」勞動基準法修法，引起國內滔天巨浪的撼動，不論勞資、藍綠，罕見地砲口一致對新制度提出批評。二〇一七年年初，因蝶戀花遊覽車翻覆事故，再度使勞工的休息問題備受關注與檢討。為什麼國家不好好拚經濟，卻要管這類你我之間的小事，員工真的有意見不是應該去跟老闆反應就好了嗎，為何需要政府介入呢？事實上，若私人行為沒有違反保護社會大眾的法律，只要雙方「你情我願」就好，政府管不著，這就是契約自由、私法自治的原則，而應受到一定尊重。

公私領域的區分最遠可追溯到古希臘哲學家亞里斯多德（Aristotle）劃分了公共領域的城邦生活（polis）與私人領域的經濟生活（oikos），其中公共領域是自由且公開的，私人領域則是隱匿和緘默的。十九世紀，自由主義受到文藝復興後的宗教自由，以及英國哲學家洛克（John Locke）和啟蒙運動思想家論述爭取自由權利等影響，以有自主能力的個人所形成的「個別公民」作為分析的基本單位，認為應追求個人發展，擁護自治權，要求放寬或免除專制政府對個人的控制，主張將政治場域的公領域與個人生活的領域加以區分。

為了調和政治權威與個人自主之間的衝突，自由主義區分了公領域所代表的國家，與私領域所代表的社會。自由生活主要體現於公民社會中對事業和感情的追求，而政治的主要功能在保護人們在社會中的自由。在私領域中，只要個人不違反公共價值，應任由公民追求自我決定，國家應嚴守中立而不過問，使人民能維持自主性和多樣性。公私二分最初的構想，在於防免國家高權過分介入私領域，而侵害私人的權利，但理想的自由放任是建立在大家實力相當的平台上。

若公民彼此間實力有落差，自由放任反而縱容社會結構失衡，因此傳統公私二分招致許多批評。女性主義指出政治、社會與個人相互影響，公私領域的界線並非絕對，難以區分。公私二分法忽略了對家庭關係的探討（如家庭中父親丈夫至上的思維）。自由主義雖大致上認同人人平等，卻忽略了現實中的男尊女卑、主奴分明的狀況，使女性在經濟與社會發展中受到男性的宰制，被置於民主政治追求目標之外。

在主張私領域不可侵犯時，其實潛在地豁免了家庭與工作場所中的暴力與歧視，不受到公權力的約束，且公領域的平等觀念甚難進到私領域。不過在人權法的保障下，國家除了消極不侵害個人權利外，更應積極保護個人不受他人侵害，甚至實現人權法所保障的個人權利，營造出一個人人得以享有權利的環境，因此國家不得不適度的介入私人之間的關係。

比如在勞雇關係中，雇主通常處於優勢地位，因此國家透過立法，促進經濟、社會及文化領域中之平等保障，比如《勞動基準法》的立法目的，以「規定勞動條件最低標準，保障勞工權益，加強勞雇關係，促進社會與經濟發展」。當追求全面百分之百的自由可能間接形塑不公平的處境，沒有人應該處於類似奴役之不自由勞動與生活條件中，國家則應該適度介入自由市場，扮演調和及衡平的角色。

紅燈何時亮，幾時可尋芳？性工作合法化之必要[2]

關於奴役的討論，在當代很多時候都被延伸討論到性工作合法化與否的問題上，而這個討論的前提，在於預設性工作者本質上是不可能出於自由意志、心甘情願的。不過，在台灣從事性交易其實不是真正的違法。詭異的是，過去的《社會秩序維護法》會處罰從事性交易的性工作者，然而對於性交易中的消費者，卻不在處罰的範圍內，因此形成所謂「罰娼不罰嫖」的結果。

二〇〇九年十一月司法院公布釋字第六六六號解釋後，對相關規定即有了新的解釋，同時也修改了《社會秩序維護法》相關規定——由「罰娼不罰嫖」改成「娼嫖皆罰」，並新增了各縣市得以自行劃定「性交易專區」的規定。也就是說，在性交易專區內從事性交易者，是合法的性交易行為，不會受到處罰，而在性交易專區以外的地方從事性交易，雙方皆會受到處罰。然而，自從新修正的《社會秩序維護法》出台迄今，還沒有任何縣市政府制定相應的自治條例，也未劃定「性交易專區」。

回顧歷史，性工作可說是人類歷史上最古老的產業之一，其產生與存在對於社會而言有很多不同的意義。一方面，基於性欲需求產生了這樣的職業，另一方面，出於經濟壓力及物質需求，使許多性工作者選擇從事這樣的職業。此外，也有人認為，性工作就和其他服務業工作者的身體與情緒勞動一樣，以提供服務來換取報酬，既然如此，為什麼不能選擇從事性工作呢？

性產業縱然被立法者處罰，這個行業仍然在地下化的情況下繼續進行，因此或許應該思考的是，既然這樣的供需與產業就是存在，政府在其中應該扮演怎樣的角色？是否管制及如何管制呢？交由地方決定，看似讓各縣市政府因地制宜仔細規畫，但實際上是把燙手山芋丟給地方處理。雖曾有縣市政府投入規畫，結果無疾而終。另一方面，對於設立性交易專區，也出現反對聲浪，認為設立性專區會增加治安維持、性病防治等社會成本，反對者亦認為性產業背後蘊含人口販運、組織犯罪等問題。

對於上述反對者所擔心的種種事由，或許正是因為現行性交易並未真正合法化所促使的結果。正因為欠缺妥善的管制措施，使得性工作與不法行為產生連結，性產業背後的龐大利益由幫派把持，進而衍伸所謂人口販運、藥物濫用等問題。透過政府介入，建立妥善的制度，諸如定期健康檢查，設置派出所或增添警力配置，反對理由大多可迎刃而解，甚至為性工作者提供安全、健康的勞動環境。

另一個的角度是，參與性交易的「嫖客」，滿足性需求是否可視為一種權利？對於具有合法性伴侶的人們而言，性交易的需求或許不大，但對於缺少性伴侶的人們來說，性產業的存在也可在某程度上滿足他們的性需求。誠然，性需求不一定要透過性交易，甚至性行為來滿足，但性產業的存在仍提供了一種選擇。

性工作合法化與否，雖然從未在社會議題的討論上缺席，但常常容易被其他議題遮蔽，或完全被保守性道德或傳統家庭觀念主導議程。因此，性工作合法化或許能為性產業逐漸除去污名標籤，並調和性工作者與消費者之間長期失衡的權力關係。

---

1 改寫自蔡孟翰，〈國家、法律為什麼要管勞雇關係？〉，法律白話文運動。

2 改寫自蕭堉成，〈紅燈何時亮？幾時可尋芳？——談我國性產業之規範現狀〉，法律白話文運動。

思辨與討論

- 本章中，我們提到「奴役」這件事應當被絕對完全禁止。歷史上，有哪些國家在什麼時候，曾經存在過奴隸制度？為何我們稱之為「奴役」，和工作有什麼不一樣？

線索：除了歷史事件外，萬毓澤出版的《「資本論」完全使用手冊》與《你不知道的馬克思》都有對勞動、工作以及資本主義對現代生活的影響，有深刻的反思。

- 根據上面的討論，想一想當代台灣社會中現存的各行各業，有沒有什麼工作可能符合你對「奴役」的定義？而允許那些勞動狀況存在，是否可能是一種人權侵害呢？

線索：許多國際組織與跨國企業（如蘋果、微軟）提出多份「現代奴役報告」，英國於二〇一五年通過《現代奴役法案》（Modern Slavery Act），都有檢討當代剝削的狀況。

第五章　沒有折磨或不人道的待遇

沒有人有任何權利傷害我們或折磨我們。

酷刑從未消失，只是換了方式。無關乎專制或民主，無關乎自由及民主的程度，有上位的統治者，酷刑或虐待的事件就有可能發生，因此我們需要嚴格地約束國家。《世界人權宣言》提到，「承認人類家庭所有成員之固有尊嚴及其平等且不移的權利，乃是世界自由、正義與和平的基礎。」為了體現這個新秩序，宣言第五條嚴格要求：「任何人不容加以酷刑，或施以殘忍不人道或侮慢之待遇或處罰。」自那時起，國際社會中多了一道不可逾越的壁壘，用於防止酷刑與虐待，保護所有人的尊嚴，沒有例外，不受任何形式的折磨。

禁止酷刑，為了阻止泯滅人性最極端的國家惡行[1]

香港反送中運動於二〇一九年三月開始持續至今，不但沒有因香港特首林鄭月娥宣布撤回《逃犯條例》而平息，反而在林鄭月娥決定援引《緊急情況規例條例》（Emergency Regulations Ordinance），制定《禁止蒙面規例》，禁止人民在公共集會上使用口罩和其他面罩，使香港示威者愈加不滿，警民衝突愈演愈烈。

隨著警力擴增，執法手段強化，二〇一九年十月一日警察實彈槍擊一名中學生後，香港警民間的對峙與仇視指數達到最大化。根據香港《蘋果日報》報導，十月十日晚，香港中文大學一名學生在「與校長對話」會議上，控訴香港警察在拘留所中對示威者施行包括性暴力的暴力行為：「……收起我們的電話，用粗言辱罵我們，入黑房便入黑房、脫衣便脫衣；新屋嶺的搜身室是全黑……不只我一個遭受到警方性暴力，有被捕者遭受不只一名警員，不分性別性侵及虐待，在拘留室中被任人魚肉……」

根據國際特赦組織的調查報告指出，示威者在被捕後遭受虐待，如在警署內遭到毒打，導致內出血或骨折，用激光筆照射眼睛，威脅電擊下體，女性示威者被全裸搜身等。有超過百分之八十五示威者在被逮捕後被毆打入院，警方甚至以電話繁忙為由拒絕被捕人士見律師。在港警處於不受約束的狀態下，香港作為《禁止酷刑和其他殘忍、不人道或有辱人格的待遇或處罰公約》的適用領域，其行為多已違反相關規定。

酷刑（torture）是對人權侵害最嚴重的暴力行為，也是泯滅人性最極端的惡行，酷刑所體現的是極致的歧視。《禁止酷刑公約》中的酷刑是指公職人員或代表國家行使公權力者，基於歧視性的理由，對特定人或第三人的肉體或精神施以劇烈疼痛或痛苦之任何行為。這也包括國家對於國內發生的酷刑事件，不立法、不調查、不處罰等未盡到禁止酷刑或虐待的義務。因此，如果目的純粹是為了滿足個人心理上之快感，則不在公約規範範圍中。

聯合國酷刑特別報告員諾瓦克（Manfred Nowak）教授指出，要理解「酷刑」，應從行為目的與受害者無助的狀態（powerlessness）切入，而非僅以遭受痛苦程度論之。以警力使用而言，若為驅散非法遊行或監獄暴動，用警棍毆打行為人，也許可視為執法人員合理使用強制力。若為特定目的（獲取供詞）而用警棍毆打被拘禁（無反抗能力者）者，造成劇烈痛苦，即屬不合理的使用警力。換句話說，為了執法而不成比例地使用強制力，或使用強制力的目的與導致的痛苦結果之間不相稱，即構成酷刑或虐待。

酷刑是對法治最大的侮辱，因為酷刑就是權力關係不平等（即不正義）的極致體現，酷刑不僅罔顧了程序與實質正義的要求，也違背了公平審判權等基本原則。因此，《禁止酷刑公約》明定國家有絕對防堵酷刑和其他形式虐待行為的義務——包括禁止、防範、處罰、救濟與報告等五大義務，而即便是緊急狀態、政變或危及國家安全之情形，都不得作為酷刑的合法抗辯。實際上，酷刑造成的創傷是永久的，其不僅傷害受害者身心之健全，使人受到羞辱，使加害者喪失人性，亦對整體社會關係造成嚴重損害。

不合理濫權行為或不人道待遇，應盡速全面禁止[2]

自《世界人權宣言》通過以來，各個國家、國際組織、公民社會團體為消除各地的酷刑和其他虐待行為做出了前所未有的努力，並普遍承認了禁止酷刑和其他不人道待遇或處罰之絕對性及強制性。一九七五年十二月九日世界人權日前夕，聯合國大會通過第三四五二號決議重申：任何酷刑和虐待行為，都是對人之尊嚴的嚴重侵犯，並且是「違反《聯合國憲章》宗旨」的重大惡行。與此同時，大會通過了《禁止酷刑公約》。

縱觀諸多國際文件，對於酷刑和虐待的定義並不完全相同，但可發現一個核心概念：酷刑是「為達到特定目的，有意致使喪失能力者遭受痛苦」，而虐待是「其他殘忍、不人道或有辱人格的待遇或處罰，不一定要求行為具有故意性或目的性或受害者能力喪失」。舉例來說，用警棍毆打被拘禁者，造成其劇烈疼痛來獲取供詞，因被拘禁者無反抗能力（喪失能力），且毆打目的是為了獲取供詞（達到特定目的），該毆打行為就屬於酷刑。

酷刑和虐待的形式多元，因此無法詳盡編目歸類——如從警察暴力、恐嚇和羞辱到逼供，從不人道或有辱人格的拘留條件，到長期任意拘留或濫用單獨囚禁；安置機構中的工作人員對被安置者的歧視、忽視或無視；家庭中出現的暴力和性虐待，包括童婚、強迫婚姻及婚內強姦；因個人實際或感知的性別、性別認同或表現、性取向而被定罪、羞辱、迫害或騷擾的國家等。雖然酷刑和虐待表現形式多樣，但它們都是有悖於人性尊嚴侵犯身心健全的行為。

以《禁止酷刑公約》為例，關於酷刑，公約第一條規定：「酷刑」指為了從特定人或第三人取得情報或供詞，為了處罰特定人或第三者所作之行為或涉嫌之行為，或為了恐嚇、威脅特定人或第三人，或以任何理由為任何方式之歧視，故意對其肉體或精神施以劇烈疼痛或痛苦之任何行為。此種疼痛或痛苦是由公職人員或其他行使公權力的人所實施，或基於其教唆，或取得其同意或默許。但純粹因法律制裁而引起，或法律制裁所固有或附帶的疼痛或痛苦，不在此限。

關於虐待，《禁止酷刑公約》第十六條規定：每一個締約國應承擔防止公職人員或以官方身分行使職權的其他人，在該國管轄的任何領土內施加、唆使、同意或默許進行未達酷刑程度之其他殘忍、不人道或侮辱之處遇或懲罰的行為。顯然，根據公約，酷刑禁止規定的主體為「國家公職人員」或「其他行使公權力的人」，還包括國家官員的唆使或同意、默許下的私人行為者，如公司、承包商及個人。

我國雖非聯合國成員，但為展現我國保障人權的決心，二〇一八年十二月六日行政院會通過「禁止酷刑及其他殘忍不人道或有辱人格之待遇或處罰公約施行法」草案，並送請立法院審議，希望能儘快完成國內法化。屆時，或許我們會發現，實際上存在我國的酷刑和虐待的行為特別多且情況嚴峻，如對受刑人或收容人不足的醫療照護、對集會遊行人員採取不成比例的驅散手段等。這是重要的第一步，先從國家公權力開始規範，透過反省與改善，將會是我國人權發展上的新起點。

---

1 改寫自黃哲融，〈從反送中談「酷刑」，國家執法界線在哪裡？〉，法律白話文運動。
2 改寫自黃哲融，〈世界人權日前夕，蓄勢待發的「禁止酷刑公約」國內法化〉，法律白話文運動。

思辨與討論

- 本章中，我們提到「酷刑」這件事應當被絕對禁止，但世界各地仍時有所聞各種酷刑事件，找找看有沒有一些令你怵目驚心的例子，為何它們被認為「不人道」呢？

線索：除了針對罪犯、政敵、戰俘外，部隊裡也經常傳出「不人道待遇」的狀況，可以以二〇一三年七月發生的陸軍洪仲丘死亡事件及隨後「白衫軍運動」的抗議為例。

- 關於「禁止酷刑及其他殘忍不人道或有辱人格之待遇或處罰公約施行法」草案，在台灣其實多有辯論，支持方的理由顯而易見，但你認為反對方的理由可能是什麼？

線索：二十一世紀了，世界各地仍時有所聞酷刑事件，長期關注此問題的國際特赦組織（Amnesty International）在一九九四年也成立了台灣分會，官方網站有很豐富的資源。

第六章　不管到哪裡，你都有被視為人的權利

我和你一樣都是人，享有的尊重和權利都一樣。

儘管承認人權了，還是得不斷提醒國家，人權是與生俱來的，而不是國家、法律或其他人所恩惠賜予，這也是「天賦人權」的意涵。《世界人權宣言》第六條就提到：「在任何地方，人人都有被承認為法律上主體之權利。」不管你身在何方，只要有法律制度存在，只要你受其約束，你都該與其他人得到同等待遇。人權在於提供每個人最低度、最基本的保障，不是要讓誰吃香喝辣或讓誰受委屈。既然人權是只要是人就該享有的，那人權就該出現在所有有人存在的地方，不論西方或東

方，開發中或已開發國家，此即人權的普世性。

人權不是舶來品，而是公民向國家討公道的依據[1]

二〇二〇年九月瑞典知名時尚服飾品牌H＆M，以新疆維吾爾自治區棉花生產有強迫維吾爾人勞動與歧視伊斯蘭宗教的情況，宣布「不與位於新疆的任何服裝製造工廠合作，也不從該地區採購產品或原材料」。H＆M其實並非第一家抵制新疆棉的跨國公司，但相關新聞大多遭中國政府屏蔽。強迫勞動的情況可能構成奴役，因此將中國境內的人權狀況再度推上風口浪尖，中國多位新疆官員更因此遭到美國、加拿大、英國和歐盟的制裁。

中國則一如往常般回應：西方的人權觀並不代表國際人權觀；各國文化傳統不同，國家發展階段各異，對人權的理解和保障各有側重；以及中國人權狀況應由中國人民來評判，反對他國藉著人權議題干涉中國內政。隨著中國崛起，自詡為擁有「千年文明傳統」，近來憑其政治影響力向國際社會輸出「中國式人權觀」，試圖重新詮釋原本國際人權法中的概念。誠然，由於各國文化傳統的不同，對人權也會有不同的理解，加上各國的政治體制及經濟發展情況不同，因此在人權保障的重點及方式有差異是合情合理的。

基於上述兩大前提，中國政府總認為他國不應該根據自身的人權標準來評斷中國的人權狀況，更不應該違反「禁止干涉他國內政」等國際法基本原則，他國不應該假藉人權問責之名，行干涉國家內政之實。不過這套說法真的有道理嗎？在回答這個問題前，須先認知到西方價值的人權觀並不能全面代表國際人權觀。

人權最初確實是西方國家人民為對抗政府對個人自由之不當干預而來，如一七七六年美國《獨立宣言》（United States Declaration of Independence）的前言中揭示：人人生而平等，造物主賦予他們若干不可剝奪的權利，包括生命、自由和追求幸福的權利。一七八九年的法國大革命更訴諸人權推翻專制，國民制憲議會發布的《人權和公民權宣言》（Declaration of the Rights of Man and of the Citizen）在前言中寫道：無視、遺忘或蔑視人權是公眾不幸與政府腐敗的唯一原因，因此決定在此闡明人類自然的、不可剝奪與神聖的權利。

最初公民與政治權利等訴求被稱為「第一代人權」，包括言論、結社自由等，常被視為西方自由主義式的人權觀。十九世紀末受社會主義思潮影響，著重發展「第二代」的經濟、社會及文化權利。二十世紀中葉，兩次世界大戰之慘烈結果激起國際社會對人權之重視，進而促成人權普遍性之國際承認。隨著亞非國家興起對抗帝國主義的獨立運動，發展出以國族為主的「第三代」集體人權，包括發展權、自決權等。二十一世紀人類面臨氣候變遷、資源消耗、基因編輯和數位監控等全新威脅，因此有學者提出「第四代」的新興人權。

至此，人權理念已多元化。國家當然可在不同情況與文化背景下，用不同的方式來保障人權，但文化相對主義（cultural relativism）不能作為否定人權「普世性」的理由。每個國家都可以有一套自己的人權論述，都可以自行設計量身訂作的保障制度，但絕非放任各國恣意根據喜惡進行。因此在面對國際社會的質疑時，中國應具體說明其自認與全球標準一致或不一致的地方在哪，恐怕不是一句「中國不吃這一套」就能帶過的。

接受人權法之規範是件謹慎的事，不能因人設事[2]

二〇一七年一月十一日，備受社會矚目的八里媽媽嘴咖啡店雙屍案行為人謝依涵，因高等法院更二審的判決逆轉改判免死。台灣高等法院的理由是「基於……公民與政治權利國際公約，除已足認被告具體個別犯罪情節、所犯之不法及責任之嚴重程度，其罪責誠屬重大，而且必須是被告無復歸社會之更生可能性者，始允許死刑之選擇」。而在評估謝依涵過去自幼失去父親、沒有前科、獄內表現良好、再犯風險率不高等因素，改判其無期徒刑。

這個判決引發軒然大波，登上新聞媒體版面，也如同過去重大刑案所常見的狀況，「兩公約」再度成為標靶。近年來兩公約備受不少國人批評，甚至引發不少要求廢除兩公約的聲浪。如同先前不斷提到的，台灣是自願「國內法化」這些國際人權原則與標準的，以平衡國家與人民之間不對等的權力關係。確實生命權是人權的項目，因此廢除死刑是《公民與政治權利國際公約》的目標（但如第三章提到的，並未強制應立即廢除）。

每每發生重大刑案，國內就會有不少團體要求政府廢止兩公約，不過人權委員會在《公民與政治權利國際公約》第二十六號意見書中曾指出，這項公約並未訂定關於終止、廢止或退出公約的規定；而依照《維也納條約法公約》（Vienna Convention on the Law of Treaties）相關規定，除非可以判斷締約國原本就有廢止或退出公約的可能性，否則就不能廢止或退出。因此委員會認為國際法不允許已經批准兩公約的國家廢止或退出公約。畢竟國家在人權保障這件事上，應該是要越來越進步的，不能一時不爽就走回頭路。

依照《公民與政治權利國際公約》和《經濟社會文化權利國際公約》的規定，設置了人權委員會和經濟社會文化權利委員會，協助締約國依照公約規定提出國家報告、針對公約的條文進行解釋，甚至受理個人對國家違反公約條文的控訴。這些委員會針對公約內容做出的解釋就是「一般性意見」，雖然對國家並沒有強大的拘束力，但畢竟是權威機構做出來的解釋，因此國家在適用條約上，自然會尊重一般性意見的內容。

依照條約法，國家要成為條約的締約國，必須要完成條約簽署、國內批准，並存放在指定的國際機構。中華民國政府其實早在一九六七年就簽署兩公約了，但由於我國於一九七一年在聯合國的代表權被中華人民共和國政府取代後，就一直沒有完成後續的條約程序。因此，在陳水扁總統時期，執政黨請求立法院批准公約，然而在野黨要求針對《公民與政治權利國際公約》第一條民族自決的條文提出保留，在雙方缺乏共識的情況下而未完成批准。

二〇〇九年馬英九擔任總統時，終於順利通過兩公約之批准，並請求友邦國家將批准書送交聯合國祕書處，但祕書處以我國並非聯合國會員國拒絕存放，以至於我國未能完成締約程序，成為締約國。即便如此，我國自行制定了兩公約施行法，將兩公約的內容轉化成國內法律的一部分，法院就能適用了。自此之後，不管到哪裡，在法律之前，人人都有「被視為人」的權利，享有的尊重和權利都一樣。

---

1 改寫自黃哲融，〈中國說「不吃西方人權這一套」有理嗎？〉，法律白話文運動。

2 改寫自蔡孟翰，〈兩人權公約搞的台灣司法耍耍的？八個重點掌握兩人權公約〉，法律白話文運動。

思辨與討論

• 本章中，我們提到「天賦人權」與「普世人權」這兩個重要原則——不管你在哪，沒人能否認你是人以及你有人權，這兩個事實。為什麼這兩件事需要特別規定呢？

線索：很多事情都被視為理所當然，但最後還是希望以法律明文的方式呈現，目的大多是希望釐清義務為何、義務承擔者是誰，並確認其與權利人之間的法律關係。

• 如果今天有個國家，它的人民投票後，多數人決定政府可以不在乎人權規定，不承認他們有人權，他們不介意，那麼身為外國人的我們，應該尊重這個公投決定嗎？

線索：這個問題還能被進一步拆解：（一）多數人是否可以代表全體國民？（二）有人權與否，是否可以用投票方式決定？（三）這個決定能及於國內的外國人嗎？

第七章　法律之前，人人平等

法律之前人人平等。法律必須公平地對待我們所有人。

「人」，不論男生女生、老人小孩、富人窮人、好人壞人，只要是界門綱目科屬種分類上屬於人類，都應該享有人權，這也是人和一般其他生物不同之處，而應總是受到「以人的方式」去對待。《世界人權宣言》第七條強調：「法律之前人人平等，並有權享受法律的平等保護，不受任何歧視。」可見法律不該考慮你是誰，或不是誰，而有所差別待遇，除非那項差別待遇是為了消除社會中失衡的權力關係。而同一條也提到，「人人有權享受平等保護，以免受違反本宣言之任何歧視行為，以及煽動這種歧視之任何行為的傷害。」

平等保護是人權基本精神，法規若有偏見應修正[1]

隨著交通進步及產業迅速變遷，全球勞動人口流動乃不可逆之趨勢。一九七〇年代左右開始工業化的國家終究面對產業升級、人口紅利消失等勞動力危機，面對此等問題，台灣採取大量引入外國勞動力的作法。截至二〇一八年十月，在我國工作的外籍勞工人數達到七十萬三千一百六十二人，外國專業人員有效聘僱許可人數則達到三萬零八百七十一人。

不過都是外國人，為何還細分？我國《就業服務法》第四十六條就是把他們分這麼細。依《外國專業人才延攬及僱用法》及《就業服務法》的規定，「專業人才」是指外國人從事「專門性或技術性工作、核准投資或設立事業外國主管、學校教師、補習班外國老師、運動教練及運動員、藝術及演藝等工作」，沒被列舉到的就不算專業人才。

這也就是大家耳熟能詳的藍領與白領之區分，而他們享有的權益真的差很多。根據《就業服務法》規定所受聘的外國人不得轉換雇主或工作（如海洋漁撈、家庭看護等），進到台灣雇主場域就無法轉職了，除非有例外情況發生。白領工作者則在聘僱許可有效期間，僅需由新雇主申請許可並檢附受僱外國人離職證明，就可以換工作。此外，《專業人才法》還規定，外國專業人士具永久居留資格者，適用《勞工退休金條例》的勞退新制，反觀為台灣基礎建設每天身處地底或工地的產業勞工，年老後卻可能兩手空空回到家鄉。

近年頻傳的漁船喋血案件，海洋漁撈工作屬於「非專業性工作」中的產業移工，又可區分為「境內僱用」與「境外僱用」，前者是按一般國內程序辦理僱用後，再出海作業，而後者則是船主直接在海外（根本未進入我國境內），招募漁工上船勞動。境內僱用的漁船船員於我國境內具有勞雇關係，適用於我國《勞動基準法》。不過根據農委會漁業署，境外僱用的外籍漁工則不適用《勞動基準法》，連最低底線的勞動權益保障都難以獲得。

對於境外漁工勞權遭長期漠視、剝削，以及過度捕撈漁獲等問題，歐盟於二〇一五年十月將我國列為打擊非法、未報告及不受規範漁業不合作警告名單（黃牌名單）。為解除黃牌名單以避免歐盟經濟制裁，行政院於二〇一六年七月二十日制定《遠洋漁業條例》，並發布「境外僱用非我國籍船員許可及管理辦法」，從每月最低工資、每日最少休息時間、投保保險及受僱船員交通費用等面向著手，以保障境外漁工權益。然而，該辦法規定是否被確實遵守，不無疑慮。

台灣自詡為多元開放、友善包容的海島國家，然而在面對「非專業工作」移工，卻往往存在歧視性政策。即便我們有再強烈的政策理由給予白領優待，我們都沒有理由剝奪藍領移工的權益保障。從「法律必須公平地對待所有人」之人權角度而言，欲真正達到保護藍領移工的效果，應該還是要修正我國現行法對專業、非專業工作者權益差別對待的規定，並提升藍領移工的勞動權益及社會安全保障。

「法律之前，人人平等」相關保障不該只做半套[2]

二〇一九年五月二十二日《司法院釋字第七四八號解釋施行法》正式生效後，

大多數人都以為這塊土地上的人終於不分性傾向都能擁有幸福快樂的日子。不過，其實還有一群人正在為自己的幸福努力——二〇二一年五月六日台北高等行政法院判決戶政機關應該准許台灣人丁則言與澳門人梁展輝的結婚登記申請，引發媒體關注。

事實上，在台灣跨國同性婚姻的奮鬥過程中，有兩件較為人所熟知的案件，一是同婚運動先驅者祁家威先生與馬來西亞籍伴侶丘國榮先生的案件，另一是剛出爐判決裡的丁則言先生與澳門籍伴侶梁展輝先生的案件。兩個判決、三個國家、四位當事人，看似保障同性婚姻的法院判決，其實也彰顯了現有法制對同婚保障仍有不足。

「跨國同性婚姻」窒礙難行的原因源於《涉外民事法律適用法》的解釋。依照司法院祕書長的意見：如果同性伴侶雙方的本國法都承認同性婚姻，就可以在台灣辦理結婚登記。台灣人如果要與「不承認同性婚姻國家之伴侶」辦理結婚登記，會因為不符合該國家法律規定之婚姻成立要件，而無法成立跨國同性婚姻，戶政機關自然也無法為跨國同性伴侶辦理結婚登記。這樣的解釋結果是，台灣的法律雖尊重性傾向平等，但會因為其他國家不平等之立法，造成跨國同性伴侶在台灣辦理結婚登記的絆腳石。

在祁家威案中，他的伴侶是馬來西亞人，法院雖然認為依照《涉外民事法律適用法》要顧慮馬來西亞攸關婚姻之法律，但馬國法律不承認同性婚姻及同性伴侶關係，會讓這對在台灣的跨國同性伴侶不能成立婚姻關係。按照《涉外民事法律適用法》第八條的規定，如此差別待遇可能同時「違背我國公共秩序或善良風俗」，而不該適用馬國法律。

也就是說，法院認為，台灣現行公共秩序是承認同性婚姻的，如司法院釋字第七四八號解釋已認定，開放同性婚姻是為了守護人民婚姻自由與平等權。因此，若僅因外國伴侶的國家不承認同婚，就拒絕同志在台灣登記結婚，就違反我國的公共秩序了。而《涉外民事法律適用法》第八條的立法目的是為了要調整人民與外國人成立同婚時不合理的差別待遇。因此在祁案中，法院決定例外不適用馬國法律，以消弭「否定跨國同婚」所造成的歧視。

丁則言案中，法院認為涉外事件中，為了決定應適用哪國法律——所謂「準據法」——必須先定性訴訟事實，而跨國同性伴侶申請結婚登記屬於婚姻法規的範疇。依《涉外民事法律適用法》第四十六條規定，需要看當事人的本國法，而澳門法認為跨國婚姻的準據法要看「當事人常居地法」。梁展輝先生自二〇一七年就搬遷來台，把台灣當作自己家，和丁共同生活、一起經營蛋糕店，台灣就是他的常居地，兩人婚姻關係的成立要件就應依照台灣同婚專法而非澳門民法。法院因此認定，戶政機關應依台灣法准予當事人結婚登記。

然而，並非人人有資源為了結婚打官司。值得慶幸的是，二〇二一年一月二十二日司法院通過了《涉外民事法律適用法》修正草案，以保障我國國民與外國法未承認同性婚姻之外國人也能成立婚姻關係。不過該草案尚未通過，跨國同性伴侶還有一段奮鬥之路要走，就讓我們一起期待春暖花開的日子早日到來。

---

1 改寫自沈柏亘，〈外國人在台工作權益差很大——白領是人才，藍領人權呢？〉，法律白話文運動。

2 改寫自劉時宇，〈跨國同性婚姻的臨門一腳？〉，法律白話文運動。

思辨與討論

• 本章中，我們提到「法律之前人人平等」這項重要的權利。《世界人權宣言》裡明明已經有不歧視原則，也強調人權是「普世價值」，為何還需要加上此規定？

線索：平等權描述的是所有人「都一樣」的理想狀態，但現實中制度與實踐都充滿差別待遇，而不歧視條款係為了強調何種「區別範疇」已經被確認為是不合理的。

• 如果我們國家應該有一套完善的憲法，憲法裡也詳列了一份基本權利清單，那麼政府還有必要接受國際人權公約的規範嗎？或者，人權與基本權之間，孰高孰低呢？

線索：在學界有許多討論，可以參考鄧衍森、張文貞、廖福特等人之論著，亦可比較一七八九年的《美國權利法案》、一九八二年的《加拿大權利與自由憲章》與我國憲法。

第八章　你的人權應該受到國家法律的保護

當我們沒有受到公平對待時，我們可以要求法律協助。

只要有人的地方，你就該被「以人的方式」對待。無論所到之處，你所擁有的人權並不會有所增減，不過當你受到不合理的待遇時，你也應該擁有簡單、公平且及時的救濟管道，你應該有權利訴諸國家的介入，而法律應該積極地保護你，正如《世界人權宣言》第八條所提到的：「任何人當憲法或法律所賦予他的基本權利遭受侵害時，有權由合格的國家法庭，對這種侵害行為作有效的補救。」而儘管今天你人不在自己的國家境內，其他國家也應該提供你應得的保護與救濟途徑，因為沒有人有責任吞忍委屈的處境與待遇。

我們的合法權益應該被積極保護，免受他人侵害[1]

二〇一五年六月二十七日八仙樂園彩色派對發生火災，四百九十九人燒燙傷（其中燒燙傷面積百分之八十以上共計四十一人）。由於醫療費由全民健保負擔，引發輿論爭議，一年花費七．六五億元，平均每人一百五十三萬，因而衍生漫長的刑責、民事賠償與國家賠償訴訟。最後調查結果並非塵爆，而是空氣擾動造成彩粉火苗劇烈燃燒，也發現派對所在游泳池屬「快樂大堡礁」園區，屬於國有農業用地且禁止轉租，所以是應被取締的違法建築，該園區亦未申請遊樂設施執照，卻一直違法經營，也不該出租舉辦派對。因此事後被國有財產署收回土地。

然而，在民眾譴責參加派對的人們「活該」的時候，國家失職的問題在此次事件中被輕放了。這些討論忽略了一項重要的法律原則：國家本來就有義務排除私人之間的傷害。發動國賠請求，不過是督促政府作分內的事，否則將罔顧自身權益，更縱容了國家怠惰，無助於解決任何未來可能會發生的公共安全疑慮。

國家具有「保護義務」，採取積極措施，防止人民免於第三人或自然力侵害的義務，這義務蘊含了保障基本人權的精神。考慮到侵害者並非止於國家，也可能來自強的第三人或無情天災，因此要求國家扛起保護責任。之所以如此要求，出於現代國家之發展乃建立在人民放棄「自掃門前雪」的想法，由國家獨占強制力，統一維護社會秩序。換句話說，既然讓人民放棄自力救濟，國家應充分滿足群體安全，做到積極保障人民權利的義務。

要求國家賠償，正是督促實現「保護義務」，如同司法院釋字第四六九號的解釋理由書所提到：以國賠規範作擔保為前提，可促進行政機關擴大功能，採取各種防止或管理危險的措施，因應高度工業化、過度開發所引發的各種危害，藉此保障國民的安全生活。在法律世界裡，若欲避免加害行為，除了事前經由法律規範設定界限（公權力哪些該做，哪些不可以做），事後還有法院判其賠償或接受懲罰機制，監督公務員們在執行公務時，為自己行為負責，藉由訴訟將原告的損害，轉而由失職的公務員來承擔。

根據《國家賠償法》第二條第二項後段之規定：當某些法律規定內容，不只賦予國家執行公務的職務，更是為了保障人民生命、身體及財產等安危而存在，且該等法令對於主管機關應如何執行職務的要求堪稱明確，主管機關卻因故意或過失，怠於執行職務，導致特定人權利受損，被害人即可向國家請求損害賠償。

二〇〇四年行政院災害防救委員會已發表「公共安全管理白皮書」及「公共安全管理白皮書實施計畫」，要求內政部承辦大型活動的安全管理。二〇〇六年內政部消防署出台「各項活動安全管理指導綱領」，可見政府早對各式大型活動可能產生的公安疑慮有所預見，卻未要求商業活動事先辦理申請，形同將風險移轉至參與活動的民眾身上。

八仙事故後，內政部雖發布「大型群聚活動安全管理要點」審查防災計畫與器材使用，但仍限於公部門及學校辦理之活動，而不包括商業活動。面對災害，除了主辦方與參與者之外，國家人權義務也不該被忽視，否則無法徹底改善災害應變法制不足的窘境。

沒有人有義務承擔來自其他人的肢體或情緒暴力[2]

這天急診室來了一名患者，因為疾病，他可以施打管制藥品注射劑止痛，但是明明時間還沒有到，他卻反覆咆哮，認為醫生跟他裝傻，並且不顧醫生還在為其他病患治療，出言恫嚇要搶奪管制藥品。或病患家屬為了要探望家人，不顧護理人員告知「現在非探視時間，請至住院組詢問」，恐嚇護理師「不讓我看，我就每天來，我就針對你」。亦或醫療人員認為病患身體狀況已相對穩定，規勸病患可以出院或移至觀察區休息，病患心生不滿，基於公然侮辱的犯意，公然用「婊子」辱罵醫療人員。

面對這些常見的醫療暴力場景，立法者透過《醫療法》及《刑法》等規範針對不同妨礙醫療業務行為，賦予不同法律責任。關於醫療暴力的刑事責任，以《醫療法》第一百零六條第三項的規定為主，禁止「以強暴、脅迫、恐嚇或其他非法之方法，妨害其執行醫療或救護業務者」，卻未規範到「公然侮辱」這種暴力類型。不過，這並不代表對醫護人員辱罵全然沒有刑事責任，而是回到一般刑法的規定，適用刑法公然侮辱罪。

另外，《醫療法》所禁止之「其他非法方法」還有一種類型是性騷擾。在這類案例中，多以「性騷擾行為妨害醫療業務的進行」而被起訴，比如患者基於性騷擾意圖，趁護理師來不及抗拒的時候，假意行經護理師身後，刻意垂放原本彎曲的手臂，於行進間以手臂緊密貼緊被害人臀部滑動進行性騷擾。然而，法院大多不認為乘人不備的「偷摸行為」會達到「強暴、脅迫、恐嚇」的程度，而不符合醫療法規定。

此外，受害對象不同，法律效果不同。比如《刑法》第三百零九條規定普通公然侮辱的法律責任只有拘役，但受辱對象若是執行職務的公務員，法律效果就變成一年以下有期徒刑、拘役或十萬元以下罰金。《醫療法》中對醫事人員造成傷害、致死或重傷等情況之規範，雖然在法律評價上與一般刑法完全相同，但需受到更重的懲罰。

除了刑事責任，還有行政責任與民法責任。依據《醫療法》第二十四條規定，「為保障就醫安全，任何人不得以強暴、脅迫、恐嚇、公然侮辱或其他非法之方法，妨礙醫療業務之執行。」否則可以處行為人新台幣三萬元以上五萬元以下罰鍰。以上面提到的「偷摸行為」為例，若性騷擾妨害醫療業務執行，即便在法律解釋上未達到「強暴、脅迫、恐嚇」的程度，而沒有刑事責任，但仍然可以另外裁處罰鍰。此外，醫療暴力行為可能涉及之強暴、脅迫、恐嚇、公然侮辱，性質上都是民法中的侵權行為，因此會生損害賠償責任。

法律不斷加強規範強度，無非都是希望嚇阻醫療暴力發生。歷經SARS與COVID-19等非常時刻，台灣人應該更能體會醫療從業人員辛勞。若干家屬即便面臨家人生死交關難免心情複雜而激動，但切莫忘記你眼前的醫療人員也是人，他們沒有義務去忍受你的身體與情緒暴力。另一方面，雖然不少醫師碰到醫療暴力時，想要終止醫療契約，但若考量到醫師所處理之事務，涉及病患的生命、身體及健康，所以即便面對醫療暴力行為，按照《醫療法》與《醫師法》中相關規定，也難以說不救就不救，而任意終止契約。

---

1 改寫自王鼎棫，〈從八仙訴請國賠，看國家的保護義務〉，法律白話文運動。

2 改寫自江鎬佑，〈對醫護動粗或辱罵犯了什麼罪？醫療暴力的各種法律責任〉，法律白話文運動。

思辨與討論

- 本章中，我們提到，為確保人權受到妥適保護，國家不僅應立法，也須提供司法救濟。但若是起訴了，國家卻充耳不聞或不斷延宕程序，我們還能如何主張？

線索：拉丁美洲國家多設有憲法保護訴訟（amparo），人民得就核心人權損害逕向最高法院請求救濟，美洲人權委員會曾表示，該類救濟之延宕本身構成人權侵害。

- 出於現代社會太複雜，我們一方面期待國家積極提供保護，協助處理會危害我們權利的狀況，但另一方面又怕國家管太多、介入我們生活太多，那條界線該怎麼劃？

線索：這一直是經濟、社會與文化權利領域中困難的問題。以健康權為例，人民希望國家提供所有重要的健康資訊，但又擔心「家父長式」的介入會影響生活太多。

第九章　沒有不公平的拘留

如果沒有正當理由，沒有人可以把我關到監獄裡，或把我從自己的國家驅逐出去。

既然人權規範保障人身為人的基本權利，那麼國家可以剝奪人的自由嗎？沒有人孤獨地活在這世上，因此也受限於社會中許多人際關係與各種交往規則，而國家在符合民主程序及法治原則的情況下，當社會秩序被嚴重破壞時，應可合理且符合比例地限制一個人的人身自由。然而，作為一種懲罰，針對人身自由之限制應該要在嚴格且最公平的法律標準下發生，就如同《世界人權宣言》第九條提醒我們的：「國家不得恣意逮補、拘禁或放逐任何人。」因此，若非絕對必要，國家不能限制我們移動，更不能使一個人音訊全無。

最恐怖的社會控制手段，強迫失蹤應被嚴格禁止[1]

二〇一七年三月十九日上午，台灣人權工作者李明哲，在從澳門入境中國時遭中國政府以涉嫌「煽動顛覆國家政權罪」等名義遭到拘禁。同年六月下旬，聯合國人權理事會下的「任意逮捕及強迫失蹤工作小組」（Working Group on Enforced or Involuntary Disappearances）發文正式受理李明哲案，展開相關調查，並邀請家屬出席會議。

聯合國人權事務高級專員辦事處出版的《被強迫或非自願失蹤問題概述》中有這麼一段描述：「有人來了……他們強行進入民宅，無論在城市或鄉村，無論是富人或窮人、陋室或茅舍。他們不管白天黑夜隨時到來，通常穿著便衣，有時穿著制服，身上總是配戴著武器；從不說明理由，也不出示證件或拘捕令，通常也不說明身分或所代表的機關。就這樣，他們把家裡的一名或數名成員強行帶走，遇到反抗時、必要時，就使用暴力。」

這往往構成嚴重侵犯人權——被強迫或非自願失蹤突發場面的第一幕。根據聯合國資料，強迫失蹤並不只是某個特定國家或世界某一特定地區的事。過去，強迫失蹤主要是軍事獨裁政權的產物，現在可能在內戰的複雜情勢中實施，尤其作為政治上打壓對手的手段。「強迫失蹤」經常被國家用來作為社會控制的手段之一，這種策略所產生的剝奪感與不安全感，絕不僅限於失蹤者的親友，也會深刻影響到失蹤者生活的社區，乃至整體社會，都會瀰漫著一股焦慮和恐懼，最後對民主、法律失去所有信任。

關於這個人權問題，最重要的文件是二〇一〇年十二月二十三日生效的《保護所有人免遭強迫失蹤國際公約》。相比其他人權公約，這份公約人氣很低，簽署國和批准國都不多，其中當然不包括中國。根據公約第二條，強迫失蹤的定義是：由國家機構，或得到國家授權、支持或默許的個人或組織，實施逮捕、羈押、綁架，或以任何其他形式剝奪自由的行為，又拒絕承認剝奪自由之實情，隱瞞失蹤者的命運或下落，致使失蹤者不能得到法律保護。

這份公約最重要的精神是「毫無例外」。不論對象是誰、不論在什麼情況，就算國家處於戰爭狀態或武裝衝突中，就算國內有政治動亂，還是任何公共緊急狀態，都不能用來當作「使人被消失」的正當理由。一旦發生被迫失蹤的情況，國家應著手調查、給予處罰，並提供受害者相應救濟。

在非自願失蹤的事件中，除受害者本人外，不知其下落的家屬經常求助無門（如李明哲的配偶李淨瑜），甚至面臨類似的人身安全威脅。即便最後受害者活著回家，事後也往往伴隨身心創傷。此遭遇可能使家裡經濟狀況惡化，國家若毫無相關撫恤或賠償，則進一步造成社會弱勢。失去經濟與情感依靠的被扶養者及被照顧者，可能遭受嚴厲的謀生挑戰。被消失者所處的社區，也可能因為失去勞動力、經濟收入下降，而遭到主流社會邊緣化。

因此，「強迫失蹤」不僅僅關乎受害者個人的人身安全、言論自由等權利，也會侵害到他身邊其他人等許多權利，更可能導致社會失序或寒蟬效應等終極效果。生活在台灣，好像可以安居樂業，然而當我們看到李明哲事件，被消失的問題離台灣人彷彿並沒有真的很遙遠。

若非必要，國家不能恣意地限制個人的人身自由[2]

重大刑案最受媒體矚目的部分往往是被告竟然僅以多少錢交保而免於羈押，然後招致潮水般社會大眾批評，不過到底什麼是羈押呢？「羈押」跟「有罪判決」是兩件不同的事，以多少錢交保而免羈押不代表就無罪、沒事了，因為法院根本還沒進行實體判決。刑事案件始於起訴，法院才能進行審判；法院審判決定被告有沒有罪，有罪才可能判刑，然後執行刑罰。

無論偵查或審判，都需要時間，羈押就是針對犯罪嫌疑人，怕他在檢察官認為有犯罪可能而起訴前，或法院做出審判前，做出影響偵查或判決的行為，才會先限制被告人身自由，確保之後偵查或審判可以順利進行，所以羈押不等於讓被告服刑。羈押處所是在看守所，也不是監獄。也因為羈押不是服刑，所以有期間限制，不然被告都還沒被判有罪，就被關好久也違反程序正義和被告的基本人權。若之後被告受到有罪判決，羈押期間可以折抵刑期。而在判決之後，若被告沒有落跑，之前的保釋金也應該歸還給被告。

既然羈押是先行限制未受有罪判決的被告之人身自由，所以應該要有相當高的標準，一律只有法院能決定是否應該予以羈押——《刑事訴訟法》規定，必須在被告有逃亡之虞，或可能湮滅、偽造、變造證據或串供，或可能再犯（而為保護社會安全）等情況中，法官才允許羈押。不過儘管如此，若法官認為即使不羈押也不至於影響審判，仍可以要求具保（如繳納一定金額的保證金）、責付（如請里長協助看管被告）或限制住居（如定時向派出所報到）要求。因此交保候傳，只是法官認為沒有羈押必要，並不等於被告無罪。

原則上，羈押並非處罰，而在確保將來訴訟程序可以順利進行，或出於保護社會安全的理由，而暫時限制人身自由。《刑事訴訟法》第一百零一條第一項第三款有「重罪羈押」規定，即「所犯為死刑、無期徒刑、最輕本刑為五年以上有期徒刑之罪者」可以作為羈押事由。司法院釋字第六六五號解釋認為，儘管犯重罪的人可能傾向逃亡或湮滅證據，但重罪不能單獨作為羈押的法定事由，否則就有預先處罰的疑慮，不僅可能會違反罪刑法定原則，更可能違反《世界人權宣言》第九條「國家不得任意拘禁任何人」之規定。

拘束人身自由是侵害基本權非常嚴重的手段，所以只有在非常必要且沒有其他更好辦法之情況下，才可以羈押一個人。這就是所謂比例原則中的必要性（necessity）——也就是說，如果不羈押的話，檢察官將來顯然無法繼續追訴犯罪，或可能導致社會上其他人的安全恐怕難以保障。

因此，羈押聲請也有嚴格的程序規定。在收到檢察官聲請後，法院應該馬上訊問被告，看看是否符合羈押要件，也要盡量避免夜間訊問，以確保被告是在意識清楚的情況下陳述，法院現在也多有準備讓不想夜間訊問的被告休息的地方。另外，偵查中的羈押不可以超過二個月，而且只能延長一次，也就是最長只能羈押四個月。若是審判中的羈押，則不可超過三個月。這些限制都是為了使羈押更謹慎，畢竟被羈押人尚未被定罪，其人身自由仍應盡量受到平等保護。

---

1 改寫自李柏翰，〈從李明哲事件到受害者國際日，最恐怖的社會控制——強迫失蹤〉，法律白話文運動。

2 改寫自蔡孟翰，〈什麼是羈押呢？〉及龍建宇，〈檢察官，你說羈押就羈押嗎？〉，法律白話文運動。

思辨與討論

- 本章中，我們提到，針對人身自由之限制（比如羈押、自由刑的處罰）應具有合法的事由，以及合乎比例原則之手段。為了防疫，國家是否可以強迫人民停止移動？

線索：自二〇一九年年底開始的新冠肺炎（COVID-19）疫情開始，各國陸陸續續祭出封城、檢疫、居家隔離，甚至封鎖國界等防疫措施，回想起來這些規定是否合理？

- 對人身自由最大的威脅就是「強迫失蹤」的手段，這在許多國家中仍時有所聞——尤其是處於戒嚴或內戰狀態、反恐措施、獨裁政權等。你能舉出任何實際案例嗎？

線索：除了歷史事件之外，歐威爾（George Orwell）的小說《一九八四》跟赫胥黎（Aldous Huxley）的小說《美麗新世界》（*Brave New World*）中對世界的描述，也很值得思考與討論。

第十章　公平審判的權利

如果被審判，就應該公開進行。不該有任何人，告訴審判我們的人應該要怎麼做。

當我被懷疑犯了罪行，從偵查到起訴，從開庭到審判，所有的過程都應該是公平、公開且由立場不偏不倚的法院來進行。針對這項權利，《世界人權宣言》第十條就要求：「在確認關乎權利和義務時，及判定對一個人提出之任何刑事指控時，每個人應完全平等地享有由一個獨立且客觀的法庭進行公正且公開審訊之權利。」

這件事之所以重要，在於它反映了國家有大程度真正尊重人權，不管他是被害人或加害者，不管被懷疑的情況是確實罪大惡極或純粹被無辜誣陷，審判者都應該竭盡所能，去確保整個過程都不會涉及惡意。

即便是犯罪被告，也應享有公平審判的程序權利[1]

居住於新北市五十餘歲男子湯景華與翁姓男子發生衝突，憤而提告。因為不滿法院判決無罪，二〇一六年三月到翁男住家樓下縱火燃燒機車，造成翁男一家六人死亡（翁男因服役不在現場）。湯景華患有憂鬱症及精神官能症，並堅決否認犯罪。歷次事實審均認定湯景華惡性重大判處死刑，但最高法院以證據調查不清楚、判決理由不完備等理由發回更審，後來兩次更審開庭時，湯景華也仍堅稱沒有放火殺人。

這個案件從二〇一五年審理到現在，在各審級間上下來回了好幾次。最高法院於二〇二一年七月判決認定為不確定殺人故意（間接故意），並非兩公約規定的「情節最重大之罪」，因此撤銷死刑，改判無期徒刑定讞。最高檢察署後來提起非常上訴，遭最高法院駁回。過程中一直來來回回的爭議到底是什麼，而難以輕易判決。

最高法院於二〇二〇年發回的理由，也是本案的關鍵點就是：被告於客觀上「對於放置於騎樓間的機車點火」的這個行為，是否可以直接被認定成「殺人行為」？最高法院認為：縱火是縱火、殺人是殺人，不能只因為死傷人數的結果，就囫圇吞棗地往回推論認定「放火是為了殺人」。但台灣高等法院大多認為：放火地點為人口稠密之住宅區，放火時間在凌晨，一般人逃生警覺性很低，所以縱火等於要殺人。

此外，雖然我國尚未廢除死刑，但近年來，為了使刑事量刑更為精緻妥適，並避免不合理的歧異，司法院於二〇一八年訂定了《刑事案件量刑及定執行刑參考要點》，第五點要求法院於量刑時，須於判決前進行綜合性之團隊鑑定調查，如此才能客觀提供法院作為決定刑度及處遇內容之依據。雖然這類的量刑前社會調查或鑑定仍在發展中，但相較不知所云的「無教化可能性、求其生不可得」，或籠統地以「人神共憤、天理難容、罪無可赦、彰顯公義」等詞語組合予以量刑，可算是跨出了一大步。

然而，另一個極具爭議的部分在於湯景華被違法羈押的情況。我國於二〇一〇年通過《刑事妥速審判法》，第一條開門見山宣示：「為維護刑事審判之公正、合法、迅速，保障人權及公共利益，特制定本法。」強調集中審理原則的重要性。第五條更明定管控羈押之期間，即限制延長羈押次數並設定五年羈押期間的絕對上限。也就是說，如果刑事被告經羈押超過五年，案件仍然無法確定的話，就應視為「撤銷羈押」，法院應立即釋放被告。

不過，湯景華自二〇一六年五月十八日第一審收案審理開始，總羈押期間超過五年。這樣的違法羈押可能違反了《公民與政治權利國際公約》第十四條第三項第C款規定的：審判被控刑事罪時，被告一律有權平等享受「立即受審，不得無故稽延」等最低限度之保障，這也是關乎公平審判條款中關於審判合理期間的問題。

所幸後來湯景華是被判以縱火致死罪，但過去亦有最高法院在羈押上限的壓力下反倒促成許多死刑案件「定讞速死」的現象——若干知名死刑冤錯爭議案件如邱和順、謝志宏、王信福等案都是在那個情況下遭到死刑定讞的。可見，程序正義對人民接受公平審判的權利而言是多麼重要的一件事。

「情節最嚴重之罪行」不等於非得判死刑才可以[2]

關於上面的湯景華縱火致死案，當時二〇二一年七月最高法院改判無期徒刑時，引發各界迴響，新聞報導以「最高院改判免死定讞」為標題，檢察官投書認為「判死改無期，最高院誤解國際公約？」不過，在量刑這件事情上，把「情節最嚴重的罪行」直接連結至「應處以死刑」的說法，似乎存有極大誤會。

過去許多死刑判決都喜歡使用「天理難容」等主觀用語，來彰顯判死理由之正當性，但若細看近年死刑案件的判決書，會發現法院開始使用「情節最嚴重之罪行」這個詞來形容惡劣犯行，進而推論出判處死刑這個決定。換言之，個案若不被當作是情節最嚴重的罪行，那麼就不會判死。事實上，我國在二〇〇九年國內法化《公民與政治權利國際公約》後，因為公約第六條第二項要求只有犯罪情節最嚴重之罪行才可能——而非必定——可以科處死刑，所以「情節最嚴重之罪行」一詞慢慢成為法院判決時的判準。

不過，到底是什麼樣的惡劣行為，才稱得上「情節最嚴重之罪行」呢？光這點，恐怕每個人的認知都有所不同。利用特權偷跑打疫苗算嗎？精障殺人、隨機殺人算嗎？長照悲歌殺死老伴算嗎？販賣黑心油、情殺仇殺財殺、攜子自殺算嗎？哪個罪行最嚴重呢？換言之，你認為最嚴重的罪行，跟其他人所認為的最嚴重罪行，光是範圍類型或具體態樣，彼此必然有所差異。

《公民與政治權利國際公約》的權威解釋機關人權委員會在第三十六號一般性意見中表示，在抱持逐漸廢死態度的公約中，規範「死刑該怎麼用」這件事本身就很不尋常，所以公約第六條第二項的內容必須作最狹義的解釋、非常嚴格限縮的解釋。情節最嚴重之罪行（the most serious crimes）必須限於蓄意殺害並造成生命喪失才是，而為了配合不同國家的刑事法制度，這只不過是公約所提出之最低度要求而已。

也就是說，在審判過程中，如果被告所犯罪名「涉及死刑」，法院會回歸被告具體犯罪情節、所犯的嚴重程度等情況仔細判斷。此時，如果犯人不是直接與故意導致死亡，即使行為本質相當嚴重，也不能作為判決死刑的基礎。因此，間接故意的殺人行為，無從構成情節最嚴重的罪行，而「間接故意」是指行為人對於構成犯罪的事實，能夠預見其會實現，且這樣狀況的實現並不違反行為人的期待，而放任其實現的念頭。

事實上，在《公民與政治權利國際公約》施行之前，我國法院實務即留意到，直接故意與間接故意殺人兩者，其態樣與惡性上的輕重是有差別的，進而在量刑上給予不同評價。《公民與政治權利國際公約》在我國施行後，最高法院更是依照人權委員會相關解釋，盡可能嚴格適用公約第六條第二項的規定，對於「情節最嚴重之罪行」採狹義解釋，限縮死刑的使用，以符合人權公約的要求。

這樣的區分，在縱火殺人這類型案件中，更能凸顯落差。回到湯景華案，最高法院也才會再次以第三十六號一般性意見為基礎，廢棄更二審的死刑判決，並判決被告無期徒刑定讞。人權委員會亦強調，因為公約的立場是，廢除死刑這件事，對於尚未完全廢除死刑的締約國，是一條不可逆的道路，因此我國也不能再逆勢擴張死刑適用的範圍。

1 改寫自林慈偉，〈湯景華死刑案的幾個疑點：縱火即殺人？量刑未盡調查？超時違法羈押？〉，法律白話文運動。

2 改寫自林慈偉，〈你今天「公約自助餐」了嗎？情節最嚴重的罪行一定會判死？〉，法律白話文運動。

思辨與討論

- 本章中，我們提到公平審判的重要性——不論犯下的罪行為何、多重，都不應該影響到法官心證，但法官也是人，制度上應如何設計，以協助法官秉持中立的態度？

線索：以法官為主的戲劇多強調公平審判之困難與人性掙扎（如韓劇《少年法庭》和《漢摩拉比小姐》），法律白話文運動網站上也有「國民參與刑事審判」專題。

- 換個角度想，若今天你是那個國家受託的司法審判者，你覺得上述提出的制度設計是否真的能使你保持公正的態度？又，什麼樣的案件情節最可能影響你的心證呢？

線索：除上述戲劇外，發生在台灣的重大刑事案件，報章雜誌上通常都會鉅細靡遺地披露相關事實細節，法律白話文運動網站上也有「司法的被害人」專題供參考。

第十一章　在被證明有罪前，我都是清白的

除非有證明，否則任何人都不應該被要求為某件事負刑事責任。當有人說我們做了壞事時，我們有權利去表明那不是真實的。

對於刑事被告而言，困難的地方就在於鋪天蓋地而來的社會評價與標籤，使人承受莫大的心理壓力，而更難的是擔心法官的心證受到影響，而使發現真實的過程不夠嚴謹，並影響了判決的公正性。因此，《世界人權宣言》第十一條強調：「凡受刑事控告者，在未經依法公開審判證實有罪前，應視為無罪」，而且「審判時，應須予以答辯上所需之一切保障。」又，罪刑皆須法定且彼此相稱，所以「任何人

在刑事上之作為或不作為，在其發生時，依國家或國際法都不構成犯罪的話，應不為罪。刑罰不得重於犯罪時法律之規定。」

「無罪推定」是刑事訴訟過程最重要的基本原則[1]

賣了五年的麵，還是可以在世界頂尖舞台上無失分拿下勝投的曹錦輝，重新在美國大聯盟出場，曹錦輝捲入二〇〇九年中華職棒「黑象」假球事件再度在輿論中發燒。相較中華職棒的高道德標準，大聯盟球隊在調查後接受曹錦輝上場，部分球迷表示這才是真正的無罪推定原則，不過什麼是「無罪推定原則」呢？

無罪推定（presumption of innocence）的可追溯自十八世紀著名義大利學者貝卡利亞（Cesare Beccaria）的著作《犯罪與刑罰》（*On Crimes and Punishments*），其指出「任何人於犯罪行為被證明之前，應當作無罪之人」。而羅馬帝國的圖拉真（Trajan）皇帝，為避免基督徒受到非基督徒之匿名指控定罪，在其詔書中表示「國家不受理匿名控訴」並要求控訴人須出庭作證等規定，勾勒出「無罪推定」原始的圖像。一七八九年法國《人權和公民權宣言》第九條中明示：「任何人受有罪判決前，均應被推定為無罪。」

除了《世界人權宣言》以外，一九五〇年《歐洲人權公約》第六條第二項表示，「對於因犯罪行為被控訴之被告，直至法律上證明其為有罪之前，應推定其為無罪。」而《公民與政治權利國際公約》第十四條第二項也規定：「受刑事控告之人，未經依法確定有罪以前，應假設其無罪。」我國《刑事訴訟法》第一百五十四條則規定：「被告未經審判證明有罪確定前，推定其為無罪。犯罪事實應依證據認定之，無證據不得認定犯罪事實。」在在都確認無罪推定為人權規範之重要原則。

出於權力分立的觀點，為降低權力集中以達成人權保障，無罪推定原則可以作為一個控制閥，使法官在追求刑事正義的同時，也得以行使憲法所賦予之制衡行政權的功能，避免司法審判淪為另一個行政權，亦能避免寧枉勿縱的虛假正義，使司法機關能維持其公信力而受到人民信賴。

無罪推定原則也衍生出「排除預斷原則」，即為審判時，法官不可預先認定被告有罪，並透過偵查不公開等制度避免裁判者產生先入為主之主觀意識。因為推定被告為無罪之人，為打破這項推定，檢察官因此負有證明被告有罪的舉證責任。進一步而言，若對於證明被告有罪與否之事實情節有疑義時，應做出有利於被告之認定，這也就是所謂的「罪疑唯利於被告原則」。透過無罪推定原則，可以降低司法錯誤之發生，進而促成法官公平審判，並使被告能在面對強勢的國家權力，增進刑事程序中的人權保障。

關於曹錦輝假球事件，暫且不論與黑道過從甚密的情節，其他球員稱答應要配合卻未實際打假球等證詞，讓檢察官認為證人沒有包庇曹錦輝的理由，因此犯罪嫌疑不足，做出不起訴處分。若從法官——無罪推定原則主要規範之主體——的角度來看，不起訴處分無關乎有罪或無罪推定，不過當以「有罪推定」進行犯罪偵查的檢察官都認為犯罪嫌疑不足的話，那麼審判者必定也會得出「離成立犯罪還很遠」的結論。

在受到不起訴處分之後，大聯盟決定重新錄用曹錦輝，這項決定雖然不一定是出於無罪推定原則，但表示其接受台灣作為法治國家，並相信我國司法程序所認定之事實，這也彰顯出堅守法治原則之重要性與象徵性。

若連無辜的人都被判有罪，那麼沒有人是自由人[2]

「無辜的人判有罪，沒有人是自由人。」二〇一六年四月十二日司法史上首次由檢方為了死刑受判決人之利益提起再審，那天法院外聲援的人這樣喊著。二〇一六年五月三日羈押庭上，檢察官表示沒有羈押必要性，法官裁定釋放鄭性澤。被關了十四年、被判了四個死刑的鄭性澤遭到釋放，在牆外呼吸自由的空氣。鄭案的諸多疑點來自於警方調查時的多項瑕疵，包括被破壞過的犯罪現場，以及刑求得到之不正自白。

當發現確定判決有錯誤時，《刑事訴訟法》透過兩個機制去更正——一個是針對法律適用錯誤的「非常上訴」，這個機制在於檢視法院適用法條是否正確，所以發現審判違背法令後，只能由最高法院檢察署檢察總長向最高法院提起非常上訴。另一個糾錯機制是「再審」，當發現原判決認知的事證有重大錯誤或有一些可能造成原判決重大錯誤的情況（如證人偽證、偵審機關因該個案遭到懲戒、發現新事證），法院將再次審判。這個機制是為了糾正事實認定上的錯誤，除為了發現真實外，更是為了保障人權。

鄭性澤在冤獄平反協會等公民團體營救下暫時逃離牢籠。二〇一七年十月二十六日，台灣高等法院台中分院再審宣判，改判無罪。等到二〇一七年十一月二十一日檢察官未上訴，鄭性澤才正式無罪確定。然而，社會為此冤案所要付出的成本實在難以計算——司法機關可能負擔達兩千多萬的刑事補償，而無形的冤獄成本還有他十四年的青春、自由與名譽、十四年來失去的家人朋友，他和他的家人都成了法院製造的受害者。而司法無法賠付的不僅是鄭性澤及其家人，還有殉職員警及其家人需要的真相，以及十四年來被相信已實現的司法正義。

行為科學家吉諾（Francesca Gino）《為什麼我們的決定常出錯？》（*Sidetracked: Why Our Decisions Get Derailed, and How We Can Stick to the Plan*）這本書中有兩個小故事。其一關於「情緒偏誤」，杜卡迪車隊在機車上配備了記錄機車性能的感應器，賽後車手亦須評論機車性能，在比較車手回覆與感應器資料後，研發團隊發現賽車手情緒使他們的評論發生偏誤。其二是「資訊輸入偏差」，心理學家讓受測者先看一個七分半的簡報，然後分別告訴兩組受測者，講者花了八個多鐘頭／三十多分鐘準備。雖然受測者都認為準備時間不重要而不會納入考量中，但被告知準備時間較長的那組還是給了較高的分數。

一個冤案的形成又何嘗不是如此？原本科層體制下的壓力再加上媒體輿論之推波助瀾，我們的社會給了偵查機關什麼樣的壓力？如此壓力，會不會讓司法人員在偵查過程中忽視或遺漏了科學證據、現場重建等客觀資料。參與偵辦的司法人員及組成社會的我們是否反思過，悲劇發生時的情緒反應，是否曾影響了司法系統的運作？司法人員在過程中是否曾對認罪陳述閃過一絲懷疑，卻因「黑道」、「有槍」、「警察殉職」等資訊而得出不利於被告的心證？

在司法運作中，不管是取證過程的瑕疵，或者受害人的正義及被冤枉人的自由，都幾乎無法修正，也因此更應謹記無罪推定原則，否則賠上的不只是下一個變成被告之某人的漫長青春，更是整個社會對司法機關的信任。

---

1 改寫自江鎬佑，〈從曹錦輝談無罪推定原則〉，法律白話文運動。

2 改寫自江鎬佑，〈鄭性澤案——無辜人被判有罪，沒有人是自由人〉，法律白話文運動。

思辨與討論

- 本章中，我們提到刑事訴訟中「罪刑法定」與「無罪推定」兩個最重要的原則，再仔細想想這兩個原則的內涵是什麼，又為何被認為能確保刑事嫌疑人或被告人權？

線索：「無罪推定」對維持審判公平性而言相當重要，此議題在許多戲劇中多有討論（如韓劇《*Law School*》和台劇《我們與惡的距離》），可以從這些令人糾結的例子來思考。

- 刑事正義中另一個重要目標為發現真實。若某項關鍵證據直指嫌疑人的犯罪事實，但蒐集的過程中有瑕疵、違反法律要求，甚至可能侵害被告人權，法官該怎麼辦？

線索：許多國家刑事訴訟制度中有所謂「毒樹果實理論」，如果證據來源受到汙染（毒樹），那麼由它獲得的證據（果實）也是有毒的，審理過程中即不應被採納。

第十二章　隱私的權利

沒有人可以破壞我們的名聲。如果沒有正當的理由，沒有人可以進入我家、拆開我的信件、干擾我或我的家人。

法律把人的生活切成兩塊——屬於公共事務、開放公開的公領域，以及屬於自己的、隱祕的，不該被任何人打擾的私領域。因此，人權一方面當然保障所有人參與公共生活與決策的權利，另一方面也嚴格要求國家要尊重個人的隱私，在不影響他人的情況下，得以不受公評。根據《世界人權宣言》第十二條的規定：「任何人的私生活、家庭、住宅和通信不得任意干涉，不得加以攻擊他的榮譽和名譽。人人有權享受法律保護，以免受到這種干涉或攻擊。」而「私下」這個概念就出於毋須向任何人表演的自由，是個人認同的後台。

我的祕密我決定，沒有人可以隨便把它洩漏出去[1]

二〇一五年年中台北市長柯文哲曾指示要透過監視器作為處罰違規停車的依據，引發不少批評聲浪，表示可能因此侵害個人隱私權。「隱私權」的爭議時有所聞，從Facebook到Google，從中國居住證要「壓指紋」到法務部研擬放寬「打假新聞」的監聽限制，從駭客到爸媽，我們防不勝防，什麼都是祕密，什麼都藏不住。為什麼我們會想要保有一些只屬於自己才能知道的資訊呢？當這些祕密被傳播時，常會覺得自己好像有某種權利受侵害了，這就是經常被提到的「隱私」。不過什麼是隱私權呢？

所謂「隱私權」，我國最早是從《民法》中「祕密權」這個詞開始發展的，指的是「私生活或工商業上所不欲人知的事實，有不被人得知的權利」。因此，如果是私人之間的隱私權侵害，可以透過《民法》對人格權之保障，請求非財產之損害賠償。《刑法》中也有所謂「妨害祕密罪」，是為「無故利用工具或設備窺視、竊聽」，或「無故以錄音、照相、錄影或電磁記錄竊錄」他人非公開之活動、言論、談話或身體隱私部位者。

不過當侵害隱私權的是國家時，其涉及的問題就不僅僅是法益，更是人權。雖然我國並沒有如同《歐洲人權公約》第八條的「私人與家庭生活權」之規定，但《憲法》第十二條保障了「祕密通訊之自由」以及第二十二條的概括條款，包含隱私權在內之「其他自由及權利」，不妨害社會秩序、公共利益的都應受到憲法保障。

二〇〇五年大法官做出司法院釋字第六〇三號解釋，深化了隱私權的內涵，將其保護範圍分成型態——個人生活私密領域免於他人侵擾，以及個人資料之自主控制。其中，所謂「個人資料之自主控制」指的是保障人民是否揭露其個人資料、及在何種範圍內、於何時、以何種方式、向何人揭露之決定權，並保障人民對其個人資料之使用有知悉與控制權及資料記載錯誤之更正權。

近來民事法院實務基本上沿用上述大法官解釋，將隱私權侵害的類型細分為三種：侵入私生活、公開私事及侵害資訊自主。「私生活的侵入」比如未經他人同意錄音他人談話、拍攝私人場域活動、在他人車上裝衛星定位追蹤器、竊錄他人幽會情節、未經同意破門而入等。「私事的公開」如未經同意公開他人情書、日記、病歷、薪資、自拍性愛影片。「資訊自主的侵害」如在爆料公社寫出他人姓名、年齡、婚姻狀況、家庭排行；洩漏個資，如住址、電話、身分證字號及護照號碼等。

針對隱私權的侵害，需要權利人所從事的活動符合「隱私之合理期待」。司法院釋字第六八九號解釋指出該合理期待為「其不受侵擾之期待已表現於外，且該期待須依社會通念認為合理者」，因此隱私權人不想遭他人打擾的想法是社會大眾都認為是合理的期待。

舉例來說，有法院認為在餐廳門口或馬路上，拍到別人從餐廳門口走出來的照片，這從餐廳門口走出來的行動並不具有隱私之合理期待。另一個例子是某人洩漏了檢舉人的資訊，為了要保護檢舉人不被報復，檢舉這件事理所當然是個祕密，而應該有「隱私之合理期待」，因此這裡檢舉人「個人資料自主控制」的隱私權利就受到損害了。

揮別過去，我們有沒有選擇「被遺忘」的權利？[2]

隨著網路科技發展，資料可在網路上永久留存。然而，人們開始希望網路上與自己有關的資料可以被消除，或過去的事可以不再被提起，因此開始有人提倡「被遺忘權」（right to be forgotten），被遺忘權的訴訟也在全世界紛紛興起。

曾是職棒米迪亞暴龍執行長的施建新，二〇〇八年因「買球隊打假球」新聞在Google上留下許多轉載該報導的網頁。施建新認為Google上留存的資料讓他的名譽及隱私長期受到損害，因此請求Google移除網頁上以「施建新」為關鍵字的搜尋結果。施建新主張的就是「被遺忘權」，不過法院認為，美國總公司才是實際上擁有搜尋引擎管理權的公司，所以無法請求台灣分公司移除搜尋結果。後來，施建新又再請求Google Inc.（美國總公司）刪除搜尋結果。最後，台北地方法院在二〇一七年判Google Inc.不需要移除該搜尋結果。

過去因資料保存不易，遺忘對於人類而言是常態，但在數位科技興起的今日，所有資料不但難以被抹除，更有可能透過搜尋引擎或社群平台，無限擴散，遺忘的成本升高。於是，大家開始想要被遺忘。例如美國一位單親媽媽Stacy，在二〇〇六年想要成為教師，她通過了所有實習與考試，但是卻因網路上有張她爛醉且戴著海盜帽子的照片，被認為與教師形象不符，容易誤導學生從事飲酒犯罪的行為，Stacy主張該照片應予刪除。因此，遺忘不只是個人行為，同時也是讓社會遺忘我們，如此人們才有重新開始的機會。

當一個人做的事可以逐漸被遺忘，他才能獲得重新開始的機會，這樣的權利對受刑人、曾經犯錯的人更是重要。關於施建新案，台北地方法院認為，米迪亞暴龍隊打假球案為中華職棒史上第一個被聯盟停權及除名的球隊，是我國職業棒球發展史上重要的歷史事件，也是社會高度關注之議題。此外，施建新後來獲判無罪，也有相關平衡報導，因此沒有必要刪除。相關資訊都在網路上公開，而施建新僅請求移除非正面評價之搜尋結果，而非移除「正確性有爭議」之個人資料，因此有控制網路言論之虞。

關於侵害名譽權的部分，法院認為，網路使用者仍需要點選列表中之各該網頁始能閱讀文章內容，因此並非搜尋引擎侵害原告名譽權，應該是原始網頁作者才需要刪除該資訊，並非Google。上述台北地方法院的判斷，正是Google在世界各地面對被遺忘權訴訟所提出的抗辯。Google認為，如果他們刪除特定資料，就是在侵害言論自由，甚至使具有社會重大意義的案件無法被記住，戕害新聞自由，民眾「知的權利」反而受害。因此，被遺忘權與言論自由、新聞自由、民眾知的權利產生了衝突。

在網路時代下，無論是一般人因當初錯誤的新聞報導而成為非自願的公眾人物，抑或是一時年少輕狂使得個人資訊流傳於網路中，人民都應該要有被遺忘與重新出發的機會，這乃是「被遺忘權」的法理基礎。然而，權衡標準如此困難，連法院都難有標準答案，若未來都交由搜尋引擎、社群平台業者視個別情況細細衡量，勢必將增加平台業者的成本，也不免影響到人權的穩定性。

---

1 改寫自蔡孟翰，〈淺談隱私權〉及何家仰，〈祕密被人知道了是侵害我什麼權利？〉，法律白話文運動。

2 改寫自龍建宇，〈不想被Google不行嗎？——被遺忘權與言論自由的權衡〉，法律白話文運動。

思辨與討論

- 本章中，我們提到個人隱私的重要性（包括自己私下生活的狀態），但若是家裡發生暴力、騷擾或羞辱等情況，國家能否介入？而此時，公私領域的界限如何區分？

線索：「法不入家門」成為家暴、婚內強姦、性騷擾等問題的遮羞布，女性主義不斷拆解這些文化與結構上的阻礙，可參考王曉丹主編的《這是愛女，也是厭女》。

- 若曾經有件事、有個傳聞，可能影響到我們的名譽，或甚至對我們的生活與職涯造成困擾，我們有權利請求「被遺忘」嗎？而這又與其他人「知的權利」如何平衡？

線索：這裡有另外兩個議題值得一併思考，一為新聞傳播中容許打破砂鍋問到底之知的權利，二是在勞運與環運脈絡中發展出的利害關係人知情權（right to know）。

第十三章　行動的自由

在自己的國家裡，我們有權利到我們要去的地方，並且到我們想去的地方旅行。

《世界人權宣言》第十三條提到：「人人在各國境內有權自由遷徙和居住。」而除了在國內移動，「人人有權離開任何國家，包括其本國在內，並有權返回他的國家。」可見身為人，移動、遷徙的自由是非常重要的，這與人身思由、表現自由也息息相關，我們是否能想去哪、就去哪，並且不用擔心去不了或回不來。在沒有正當且合法的理由下，我的國家不能無故地不讓我出國或返國，也不能阻止我自在地闖盪江湖，在社會中走跳，而若是我的自由因不友善的環境、他人的騷擾或威脅而受到限制，國家也應幫我排除這些阻礙。

若要限制個人返國權利，其正當性需被嚴格檢視[1]

二〇二〇年年底，失控超過半年的新冠肺炎疫情可能在天冷時更惡化。為加強控管，中央流行疫情指揮中心公布了「秋冬防疫專案」。該專案就邊境檢疫部分，要求自二〇二〇年十二月一日起入境我國的旅客，不論身分（包括本國與外國籍）或目的，都必須出具登機時間前三天內COVID-19核酸檢驗報告，否則航空公司可以拒絕載客，或指揮中心可對旅客罰鍰新台幣一至十五萬元。此政策引起國內高度討論。

本件問題涉及人民的遷徙自由，具有我國國內法效力的《公民與政治權利國際公約》第十二條規定了：（一）在一國領土內合法居留的人，在該國領土內有遷徙往來的自由及擇居自由。（二）人人應有自由離去任何國家，包含本國。（三）這些權利不得被限制，但法律規定，為保護國家安全、公共秩序、公共衛生或他人權利與自由所必要……不在此限。而（四）人人進入其本國之權利，不得被恣意褫奪。因此，遷徙自由是人權無庸置疑。

可見，外國人並不具有自由進出他國的權利，但國家是否能夠限制國人返國呢？特別保障公民「返回本國」的權利，主要是因為政府總有動機不讓特定人士入境，而基於個人與本國之間的情感連結，就該讓人回家。比如一九五〇年代美國通過的《麥卡倫沃爾特法案》（McCarran-Walter Act）允許政府驅逐從事顛覆活動的移民或歸化公民，並禁止可疑的本國人入境。在戒嚴時期，國民政府也曾有「黑名單」禁止海外有中華民國國籍、支持台灣獨立的黨外人士返國，滯留海外。

不過，一個人可以因為與某國感情深厚，就把它當「本國」（own country）嗎？人權委員會第二十七號一般性意見中曾表示，「本國」應採廣義解釋，其範圍大於「國籍國」，並不局限於形式上的國籍（出生時獲得或被授與的國籍），也包括因與某國之間有特殊關聯或具有特殊權利，而不僅僅是一個外國人，比如因原國籍被剝奪而長期居住在他鄉的移工、難民或無國籍人士。

然而，返國的權利也不該無限上綱。二〇二〇年四月二十四日，人權委員會提出聲明，承認國家為因應COVID-19採取有效措施，保護管轄領土內所有人的生命和健康，可以在特殊緊急狀況下，引用《公民與政治權利國際公約》第四條規定，減免（derogating）公約義務。減免的重點是為了將來恢復正常狀態，繼續遵守公約的精神，因此若能先合理地限制一般自由，則不用採取減免義務的措施。COVID-19疫情期間，有數十個國家向聯合國祕書處報備，將減免集會、結社、遷徙等自由的尊重義務。

回頭檢視秋冬防疫專案。指揮中心本來要求入境者須出具「陰性」的檢驗報告，這樣等於完全限制國人返國的權利，假如某人生活在欠缺檢驗資源或檢驗機構的地區，或已經確診希望可以返台治療（未必出於惡意）等。後來政策改成COVID-19核酸檢驗報告（而非陰性結果），但仍須考慮如此限制已經是侵害最小的手段，是否真的無法為「入境後居家隔離十四天」、「密切監控隔離」等措施所取代。疫情期間，凸顯了在個人人權保障及公共衛生安全之間要抓到妥適的平衡點確實是不易但也不容忽視的課題，必須謹慎才是。

我的行動自由被其他人干擾了，國家應該保護我[2]

二〇二一年十一月十九日立法院院會終於三讀通過了倡議已久的《跟蹤騷擾防制法》，希望能降低跟騷被害風險，讓國人行動免於恐懼。事實上，身心備受跟蹤騷擾行為所害的案例屢見不鮮，但在立法之前，警方因法規不足，難以處理相關案件。行政院內政部於二〇一八年提出「糾纏行為防制法草案」，當草案通過立法院內政委員會初審後，因警政署喊煞車（主要考慮到執行勤務之警員人力），草案又被退回內政部，立法過程一波三折。

過去許多案件都可看出，跟蹤及騷擾等糾纏行為在現代社會中宛如不定時炸彈。當許多看來微小而僅令人不悅的行為，長時間連續對特定人進行，甚至隨時間演進轉為更加劇烈的行為時，法律要在什麼時間點介入、什麼樣的行為需要被規範、處罰的強度為何，才能在被害人害怕、憂慮，或受傷前便提供適當的保護，便是糾纏行為入法的難題。

糾纏的恐怖往往都在沉默中爆發。「糾纏行為」是指，因為愛恨情仇，而對一個人反覆或持續做出實際上的跟蹤行為，如開車尾隨、裝針孔監視、私下探查行程、到住家或公司站崗，或利用科技或通訊方式騷擾，如打無聲電話、不斷傳簡訊、無故到爆料公社張貼個人訊息、未經同意為其訂購商品或是逢年過節不斷送禮等，都有可能被認定為糾纏行為。

然而，困難點在於，糾纏行為和日常生活中大家常會做的一般社交行為，往往只有一線之隔，要劃清判斷標準使公權力能夠介入，就必須考量到是否會侵害到行為人的其他自由，又或者標準若太寬鬆，會不會因此造成濫訴、濫報等資源濫用的現象，都是需要清楚規定的。因此，「糾纏」必須是會使人產生厭惡或害怕等不舒服的情緒的行為。

聯合國過去早已將「跟蹤騷擾」與家庭暴力、性侵害一同列為全球婦女人身安全之最大威脅之一，但實際上擁有所謂「反跟蹤法」（anti-stalking law）的國家卻是少之又少。儘管大部分的國家都有防治跟蹤騷擾行為所衍生之暴力事件，但也往往限縮在被害人的同居人或家庭成員，而被視為一種家庭暴力（domestic violence），而欠缺針對陌生人跟蹤行為之規範。然後，被跟蹤騷擾的被害人，其心生恐懼與焦慮是真實的感受，常常會影響到日常的行程與行動的自由。

針對此類暴力，加拿大曼尼托巴省的《家暴及跟蹤法案》有較具體的法律定義——只要滿足了跟蹤行為的要件（無正常理由、反覆發生、使受害人合理感到擔憂），不待實質傷害發生，即可能構成侵權行為。日本則在二〇〇〇年十一月開始施行《纏擾防治法》，為制止非家屬關係之人的騷擾行為提供法律依據。類似加拿大曼尼托巴省之立法，無待實質傷害，即可能構成侵權。不過相比曼尼托巴省，日本法還多了對特定人「表示愛意」的要件。

糾纏行為除了危及人身安全外，對個人隱私和行動自由等都有影響，但由於其歷時長、行為態樣複雜，以及和一般社交行為難以界定，如何兼顧被害人保護、犯罪防治和法規執行成效等面向，在世界各國都有其困難性。可以確知的是，擁有相關立法只是國家實際保護義務的第一步，仍須滾動式修正，以確保所有人的自由都不會受到過當之限制。

1 改寫自蔡孟翰，〈防疫不外人權——可用提供檢疫報告當作國人入台的條件嗎？〉，法律白話文運動。

2 改寫自吳彤，〈被陌生人跟蹤了怎麼辦？各國法規大不同，在許多國家甚至無能為力！〉及徐書磊，〈勾勾纏如何解，糾纏行為入法的困境〉，法律白話文運動。

思辨與討論

- 本章中，我們提到，每個人都應該有移動、遷徙的自由；而若有其他人限制了我的行動自由，國家就應該介入。關於後者，除了跟蹤騷擾，你還想得到其他例子嗎？

線索：《跟蹤騷擾防制法》在三讀通過前，不同團體與警察機關，針對這部法律多有辯論。其實禁足、綁架也是限制個人自由，但顯然法律評價大不同，為什麼呢？

- 就算國家未設限制，行動自由卻不如想像中容易實現（如對行動不便者、難以自力更生者、承擔照顧義務者等而言），國家能做些什麼，幫助他們實現這項權利呢？

線索：對於行動自由的主流想像其實是很健全主義的（ableist），或預設人人都是孑然一身的個體。本書後記裡有些例子（如障礙者自立生活），很適合拿來作為參考。

第十四章　尋求安全居所的權利

如果我們在自己國家裡害怕被迫害，我們有權利跑到另一個國家讓自己更安全。

好的政府，會用盡全力保護你的安危，給你最適當的提醒，確保你了解生活中大大小小的風險，並幫助你解決困難；有待加強的政府，可能無法幫助你太多，但至少能做到任由你自生自滅；而最差的政府就是想方設法不讓你活，總有理由讓你生不如死，只因看你不順眼。遇到這種狀況時，《世界人權宣言》第十四條就要求：「人人有權在其他國家尋求並享受庇護以避免迫害。」不過須留意的是，這項權利並非絕對，若是「遭起訴之理由係出於非政治性之犯罪，或係出於違反聯合國宗旨與原則之行為者，不得援引此種權利。」

如果在自己的國家被迫害，其他國家應給予庇護[1]

二〇一五年三月二十三日新加坡領導人李光耀過世時，一名新加坡少年余澎杉（Amos Yee）在網路上批評李光耀為獨裁者，新加坡政府就以「傷害他人宗教或種族情感」、「發放猥褻物品」及「滋擾」等罪名拘捕余澎杉，並將其拘禁在精神病院、判處四星期有期徒刑。余少出獄不久後，再度被以「冒犯基督徒及穆斯林宗教情感」等罪名判處他六星期徒刑。

二〇一六年十二月余澎杉向美國尋求庇護，二〇一七年三月美國芝加哥移民法庭裁定，余少因其言論受到政治迫害，而准許政治庇護。「庇護」（asylum）是指一國對於遭受母國或他國迫害的外國人，准許進入其領域給予保護，並拒絕將該外國人驅逐或引渡到其他國家。一個國家基於主權，原則上對於管轄範圍內的人本身就有掌控權，特別是對外國人，有權力決定是否准許入境該國領域，或驅逐或遣返至其他國家。

後來於二〇二〇年十月，余澎杉因涉嫌誘使並擁有兒童色情作品而在伊利諾州被逮捕，他被控於二〇一九年間在芝加哥居住時（當時已二十一歲），與某位十四歲女孩交換裸照等情色資訊。二〇二一年十二月三日，余澎衫被判罪名成立，並判處六年有期徒刑，而他也將可能因犯罪（非政治性犯罪）而失去在美國的庇護權。

關於庇護權，除聯合國大會在一九六七年通過的《領土庇護宣言》（Declaration on Territorial Asylum）外，目前並沒有特定的國際公約。區域而言，美洲則有一九二三年《關於庇護公約》、一九三三年《美洲國家間關於政治庇護權公約》及一九五四年《領土庇護公約》。因此一國是否給予外國人庇護，通常是基於其國內法規。然而根據《世界人權宣言》的規定，國家有義務提供屬於政治犯相當程度之保護，但違反《聯合國憲章》者（如恐怖分子）則不具有庇護權。此外，國家通常也會對符合「不遣返原則」（non-refoulement）所保護之對象提供庇護，比如難民、可能遭受母國酷刑的國民。

除了直接跑到外國領土的「領域庇護」外，還有所謂的「域外庇護」，也就是跑到別國的外交使館（又稱「外交庇護」）或其他國籍的飛行器、船舶，主張庇護。這些地方並不是外國領土，但是在地主國享有豁免權，因此地主國無法對使館或他國的飛機或船隻行使管轄權。比如二〇一二年，維基解密創辦人亞桑吉（Julian Paul Assange）就是向厄瓜多駐英大使館尋求政治庇護。

不過，地主國（當事人所在地國）無法對使館或他國機、船行使管轄權，並不等於國際法肯定國籍國可以主張域外庇護。一九四八年祕魯以叛亂為由起訴「美洲人民革命同盟組織」的領導人德拉托雷（Víctor Raúl Haya de la Torre）。德拉托雷逃到哥倫比亞駐祕魯大使館尋求庇護，哥國大使視德拉托雷為「政治犯」而給予庇護，並請求祕魯政府給他出境通行證。祕魯則認為德拉托雷並不具有庇護權的條件。兩國因此狀告國際法院（International Court of Justice）。

國際法院認為，尋求庇護者仍然身處在犯罪地國的境內，因此若對該人予以外交庇護（diplomatic asylum），將侵害到地主國的主權。若地主國能單方認定該人的罪行、是否是政治犯，更干涉到地主國的司法管轄權。最終國際法院認定，原則上德拉托雷不能用庇護來對抗接受國內的司法審判，除非祕魯法治無法有效發揮。

人人皆有可能一夕之間，成為尋覓棲身處的難民[2]

二〇一五年的土耳其海岸不太一樣，海面上漂浮了一名紅衣小男孩的屍體。兩艘載著數十名非法移民的小船從土耳其出發欲前往希臘的科斯島，出海後卻不幸翻覆，導致包括五名孩童在內的十二人罹難，包括那名紅衣小男孩。救援人員雙手捧起永遠沉睡的他，喚醒了某些歐洲國家元首的良知。這件事或許應從「阿拉伯之春」談起。

二〇一〇年突尼西亞人民發起街頭示威，促使執政長達二十幾年的阿里政權倒台，這場抗爭成為扳倒阿拉伯世界專制政體第一張骨牌，從北非蔓延到西亞。許多政權在這波潮流中倒台，如埃及穆巴拉克、利比亞格達費政權；有的進行政府改組，如約旦、黎巴嫩、阿曼；但也有國家深陷內戰，如敘利亞。無數家庭被拆散，到處尋求棲身之處——跨越國界的成為難民（refugees），逃不出去的成為境內流離失所者（internally displaced persons）。

乍聽之下，難民問題似乎離台灣人非常遙遠，其實不然。台灣的歷史長河中也出現過許多難民——比如一九五五年從浙江逃至台灣的大陳義胞、一九七六年「仁德」和「海漂」專案接收的越南及中南半島難民。政府也曾於二〇一四年以專案許可方式，讓二〇〇四到二〇〇七年間抵達台灣並申請政治庇護的法輪功教徒和中國政治異議人士取得居留權。還有許多來自尼泊爾和印度的泰緬孤軍後裔和無國籍藏人，透過《入出國及移民法》和《國籍法》修法，終於得以在台安置。

聯合國在一九六六年十一月十八日通過《關於難民地位議定書》是為修訂原本保護範圍極小的《關於難民地位公約》，其中，「國籍」是重要的判斷標準，只有當一個人「全部的國籍國」都不保護他時，才算難民。當今國際人權法中定義之「難民」，不受時間、空間、事件等限制，而指所有因「有正當理由畏懼」（由於種族、宗教、國籍、屬於某一社會團體或具有某種政治見解的原因）而「留在其本國之外」，並且因該原因而「不能或不願受本國保護」的人；或出於上述畏懼而不願返回該國的人。

不過，上面這個定義只包括「種族、宗教、國籍、社會團體、政治見解」等理由，因此因大饑荒、氣候變遷而面臨生存危機的「氣候難民」則不符合定義。這也不包括受困國內的人們，而雖然聯合國難民署於一九九八年提出《境內流離失所問題指導原則》，但欠缺法律拘束力，故各國政府（即迫害者本身）可能根本不屑一顧。在「沒有選擇」而逃難的情況下，庇護才是人權，國家才產生給予庇護的義務，因此逃離恐同社會的性少數，想申請庇護時可能遭到拒絕，因為許多國家認為「性傾向是可藉由隱藏身分而躲避壓迫」的。

一九五一年中華民國仍為聯合國會員時曾簽署《關於難民地位公約》，亦於一九六七年簽署《關於難民地位議定書》，唯我國遲至離開聯合國前都未完成批准。我國雖已擬定「難民法草案」但也遲遲未正式通過立法。事實上，針對我國兩公約報告的國際審查會議，審查委員的結論性意見都建議台灣盡速通過難民法，而若將個人送回迫害風險中，台灣自己也可能構成酷刑待遇，但號稱人權大步走的政府對此議題的立法態度依舊蹣跚。然而，立法不只是為了順應潮流，更為了積極保護逃難者的人權。

---

1 改寫自蔡孟翰，〈什麼是庇護？〉，法律白話文運動。

2 改寫自蔡孟翰，〈無國界的漂流者——國際法的難民規範〉及李柏翰，〈世界難民日，你#WithRefugees了嗎？〉，法律白話文運動。

思辨與討論

• 本章中，我們提到，當一群人在本國遭受迫害，就有權向他國請求保護。身為保護國的公民，你會欣然接受他們進來嗎？若稍有猶豫，你擔心或遲疑的點是什麼呢？

線索：二〇一〇年阿拉伯之春遍地開花，數量激增的難民和移民湧入歐洲，爆發所謂「難民危機」。國門開不開引發激辯，甚至影響國內選情，眾人辯論重點為何呢？

• 承接上面的討論，台灣遲遲未通過「難民法草案」，立法者似乎也對這個議題沒興趣。事實上，台灣的歷史長河中曾出現並收容過許多難民，你聽說過哪些故事嗎？

線索：法律白話文運動網站上有「難民法指南」專題，系列文章舉了不少例子，如一九五五年大陳義胞案、一九七六年的「仁德」與「海漂」專案、二〇〇四年的法輪功教徒案。

第十五章　取得國籍的權利

我們都擁有權利，屬於某一個國家。

假如人權是「你擁有，僅僅因為你是人」，那它們便應直接攸關人類生存且生活的條件。因此，《世界人權宣言》第十五條規定：「人人皆有權享有國籍。」而且「國家不得任意剝奪任何人的國籍，亦不得否認其改變國籍的權利。」若此為真，那麼「擁有國籍」與「尋求（他國）庇護」所產生的人權法困境，就是出於它們都是踩在國家主權與普世人權邊界上的越界問題。換言之，庇護與國籍是「身為人即擁有」的權利，然而「提供庇護」和「授予國籍」卻又屬於一國內政事項，說來還是有些矛盾，導致許多問題複雜而難解。

從越界者與無國籍人的眼中，看見人權法的極限[1]

二〇一六年年中德國境內發生多次遊行，由「愛國歐洲人反對西方伊斯蘭化」這個右派民粹行動組織所主導，抗議政府放寬的難民收容政策。二〇一六年八月二十一日巴西奧運落幕，當時國際奧委會從聯合國難民名單中選出十名體育健將集訓，「以希望為名」組成了一支難民奧運代表隊，最後雖然沒有獲得任何獎牌，但也讓國際媒體聚焦在難民問題上。

上一章談到難民問題，提到了「國籍判斷」的重要性，在難民保護的國際規範框架中，雖然各國被要求給予適當庇護——包括基本人權的滿足——但實務上「難民之認定」落在各國的主權權限中，只有在特殊情況時，聯合國難民署才會介入。而難民問題背後還有個更深遠的問題：國家主權與非本國人的人權，孰高孰低？

非本國人包括外國人與「無國籍人」。二〇一五年有則新聞舉世矚目：部分歐盟國家並未履行《兒童權利公約》，使不少敘利亞難民在歐洲出生的後代成為一整代的無國籍兒童。根據敘利亞的《國籍法》，只有男性可以傳承公民身分。不少難民婦女，若其丈夫或異性伴侶死亡或失蹤，新生子女無法因母親獲得敘利亞國籍。這也並非特例，緬甸和孟加拉兩國政府也都不承認羅興亞穆斯林後裔的國籍。

關於個人取得國籍與公民資格的方式，各國規定大不同，可能包括在某國領土上有出生記錄、是另一個公民的後代，或也可通過與他國公民結婚後入籍；在該國居留達到規定時間後，或因其他特殊原因也可能可以入籍，而這件事屬於各國內政事務。然而，根據《聯合國兒童權利公約》第七條的規定：（一）兒童出生後……應享有獲得國籍的權利……（二）國家應依其本國法及有關國際法文書所承擔之義務，予以確保這些權利，尤應注意兒童無國籍的情況。

國籍（nationality）作為一個民族或族群成員的標籤，是自己人或其他人辨識你的方法。就算一個人幸運找到暫時棲身處，仍可能享受不了許多專屬公民的權利與福利，如合法工作、結婚公證、財產登記、投票、社會保險等。也就是說，國籍（對外）與公民資格（對內）幾乎是一個人安身立命的門檻，但它們卻取決於國家是否願意給予公民身分。

要釐清一件事：難民不等於無國籍人！某些人在受到迫害時被剝奪了國籍，隨後在逃亡中才成了難民；或是由於逃亡而被處以剝奪國籍的懲罰；也有很多人自出生就無國籍；許多難民也從未失去原本國籍。目前國際上有兩份公約關注無國籍問題，締約國都不多，包括一九五四年的《關於無國籍人地位公約》和一九六一年的《減少無國籍狀態公約》，要求各國針對基本自由權利給予國民待遇，但以公民資格為基礎的社會權利等問題懸而為決。

在台灣也有一群受困於「屬人主義」的移工小孩，出生就成為滯留台灣的無國籍兒童，他們可依《兒童及少年福利與權益保障法》第二十二條規定，會同戶政、移民主管機關，辦理戶籍或居留登記，其社會福利服務、醫療照顧、就學權益等事項應依法予以保障。這項規定就是為了因應《兒童權利公約》於二〇一一年新增的條文，然而，兒少法保障只到十八歲，而成年後該怎麼辦，需要全體台灣社會集思廣益了。

追求國籍保障，歸化移民應享有免於恐懼的自由[2]

二〇一七年九月十三日，移民議題各界專家、學者與民間團體於立法院舉行記者會，宣布聯合成立「一九盟」，出於二〇一六年十二月《國籍法》修正後越修越惡，使移民面對更多考驗，其中第十九條之規定更嚴重違反人權。根據該條文，新移民於放棄母國國籍後，即使順利歸化取得中華民國國籍，但若經法院判決「假結婚」或「假收養」，仍可據此撤銷新移民之國籍，且上述判決並無時效限制，新移民將一輩子生活於失去身分的疑慮與恐懼中。

由於對語言與行政流程不熟悉，新移民常因申請證件錯漏等瑕疵；或因與配偶衝突、失和等因素，遭利害關係人串通、陷害而被法院判決通謀假結婚，造成內政部認定為虛偽結婚而撤銷國籍。新移民處於法律資源與語言的弱勢，難以進行訴訟，更往往因不諳法規而錯過抗告時限，面臨撤銷國籍的境地。我國《國籍法》規定申請歸化時，必須放棄原國籍，若撤銷新移民之歸化許可，加上新移民東南亞母國難以回復原國籍，極易陷入無國籍困境中，而違反《消除對婦女一切形式歧視公約》第九條「應減少無國籍狀態」之要求。

新移民在取得我國國籍前已經過嚴格審查，獲得合法居留的婚姻移民也已落地生根，融入社會。修正後的《國籍法》卻使得放棄原國籍的新移民，即便順利取得本國國籍，仍可能面臨國籍撤銷的處境，明顯違反新移民的國籍權以及國民待遇。在二〇一六年十二月修正後之《國籍法》第十九條的規定，更將國籍撤銷權擴張至無期限，若新移民的國籍身分終身處於不確定狀態，甚至隨時可能變成無國籍人，將嚴重侵害新移民的基本人權，更背離了平等權的基本價值。

人人都有免於恐懼的自由，《國籍法》第十九條卻讓移民歸化後，終其一生背負著恐懼，放任政府製造無國籍人球。長期以來，「移民／住人權修法聯盟」曾多次呼籲修改惡法，然而政府充耳不聞，恣意擴權。事實上，新移民對於少子化的台灣社會而言，扮演了非常重要的角色，然而因為衝突或糾紛而遭到舉報為「假結婚」的狀況卻時常發生。儘管真的有「假結婚」的情形，新移民遭到「報復」的案例不在少數，國家應負起確實保護這些弱勢新移民的義務，逐步建置對於新移民的友善政策。

「國籍」是國民珍貴重要的身分。違反刑法的公民就算受金錢或牢獄之處罰，都不可能被撤銷國籍，因為一個人的公民身分，代表了他作為國家主人的資格，豈可僅因素行不良就遭到剝奪。《國籍法》應該修正為符合人權規範的法律框架，而若申請時有造假等違法事宜，依刑法或其他法律處分即可，因為國籍與其代表的公民身分，不該被恣意撤銷。

透過人權法來正當化國民、公民、住民認定過程中之「他／我區分」，本來就是危險的。這不僅讓集體民族自決的正當性與個人自由遷徙與適足生活的權利出現矛盾，更因獨尊「民族之法」（the law of nations）削弱了「人性之法」的普遍性。長期困頓在冷戰陰影中的台灣一直處於國際法體系的「例外狀態」（尤其一九七〇年代後），不斷多方尋求認同、追求「國格」的台灣人應該最能體諒各種遭國家主義背棄的受害者。

---

1 改寫自李柏翰，〈從越界者眼中看見國際人權法的極限：難民與無國籍人〉，法律白話文運動。

2 改寫自法律白話文，〈我要保障的國籍，不做恐懼的移民〉，法律白話文運動。

思辨與討論

• 本章中，我們提到，「擁有國籍」這件事應該視為一項人權；但我們也提到「賦予國籍」這件事是國家自由裁量的範圍。這個矛盾對國籍權這個概念會有什麼影響？

線索：這個問題牽涉到公民資格（citizenship）這概念的歷史與社會學發展，其與國籍、國家之間的關係，也涉及了國家政體（民主或專制、立憲或極權）之正當性。

• 若斷開「公民資格」與求學、求職、基本權保障，以及眾多社會福利措施的條件之間的連結——即「不以本國人為限」，那麼國籍權的重要性是否就不復存在了呢？

線索：討論「是否取消國家」這個問題之前，須先思考國家的意義與功能是什麼？當代政治理論學界有許多論辯，包括世界主義（cosmopolitanism）與無政府主義。

第十六章　婚姻與家庭

每個成年人，當他們想要的時候，都有權利結婚並擁有家庭。男人和女人結婚或分居時，都擁有相同的權利。

「婚姻自由」與「組成家庭的權利」在這幾年特別熱門，各國都面臨到一些思想上、文化上的挑戰：我們的社會如何想像且定義怎樣的夥伴關係能成為婚姻關係，怎樣的一群人生活在一起能算是一個家庭。婚姻與愛情或忠貞必然有關嗎？《世界人權宣言》第十六條規定：「成年男女，不受種族、國籍或宗教之任何限制，有權婚嫁及成立家庭。男女在婚姻方面，在結合期間及在解除婚約時，擁有平等的權利。」而「婚約之締結，僅能以雙方之自由完全承諾為之。」而「家庭為社會之當然基本團體單位，應受社會及國家之保護。」

每個人都有結離婚的自由，而這項自由人人平等[1]

早於美國聯邦法院與我國大法官之前，南非憲法法院即於二〇〇五年宣布「同性婚姻應獲平等保障」。在佛利（Home Affairs v. Fourie）案中，有一群想要與女性伴侶結婚的女人，因性別的關係無法完成法定結婚程序。薩克斯（Albie Sachs）大法官在判決第一段如此陳述：「他們吸引著彼此、經常一同出遊，然後最後決定共同組成一個家庭。這樣的關係經過十餘載，他們早已被周遭的親朋好友們當成配偶。現在他們決定結為連理，並希望能完成法律程序，以享受婚姻所帶來的權利並承擔義務及責任。」

南非當時的《婚姻法》只允許異性締結婚姻，但此規定違反了平等原則。平等的意義在於承認並接納差異，若要做到平等保障，至少要所有人都不會僅僅因為一個人「不一樣」而遭到排擠。平等不意味著消除差異，並不要求把每個人變一模一樣，也不該暗示某一種人較高尚而另一種人較為低賤，即「跟他人不一樣」的權利。

不能結婚又怎樣？影響可大了！不管是美國聯邦法院、我國大法官或南非憲法法院，都提到人們一旦完成法律程序結婚，其組成的家庭才可能獲得完整的法律保障。誠然，相愛未必須要結婚，但重點在於同性戀者被剝奪了選擇結婚的機會，而不被法律平等認可的伴侶關係，等於否定其組成家庭的自由。

雖然《世界人權宣言》中僅提到「成年男女……有婚嫁和成立家庭的權利」，但薩克斯法官認為，當時起草者會選擇這樣的詞彙是因為當時社會型態與現在不同，人們所觀察到的婚姻都是一男一女，這只是對現象的描述，而不具有規範婚姻必須限於一男一女的意義。比如若在某個社會中大部分的人都在下雨天撐傘，因此法律規定「人人都有在雨天打傘的權利」，並不能因此認為法律就不保障「在非下雨天打傘」的自由。

雖然婚姻平權的判決賦予「婚姻自由」崇高的人權地位，但破壞結婚時的誓約，不等於應該被國家懲罰。以二〇二〇年五月宣布「通姦罪違憲」的司法院釋字第七九一號解釋為例，其認為保障家庭婚姻完整性的美意，不僅未能透過通姦罪的刑事制裁而獲得救贖，更不斷加深婚姻關係中性別不平等的狀態。許宗力大法官的意見書提到：在婚姻中，「女性永遠背負著貞節牌坊，要從一而終，通姦根本十惡不赦，沒浸豬籠就算了，還敢奢望得到原諒；而男性腳踏兩條船，不僅容易獲得原諒，甚至為世人所暗自欽羨。」

作為東亞最後一個廢除通姦罪的國家，在通姦罪還存在的年代中，男性及女性被起訴的比例是相同的（包括相姦人），但是女性被判刑的比例卻高於男性，原因是由於百分之六十六的女性被害人會撤回對配偶的告訴。《刑法》剛制定時，通姦罪其實只處罰女性，隨著社會變遷才修法成男女皆制裁，但性別不平等的現象並未改變，也不斷證成婚姻與家庭關係之維繫全然仰賴身體與性忠貞的忠誠義務。

儘管同性婚姻已經合法化，通姦罪也已經廢除，但法律無法自動消除大眾的偏見與歧視。任何修法都須以確保平等尊嚴、提升人權福祉為目標，須真正融入到人民的日常生活中，才能真正保護到弱勢族群不被脅迫、虐待以及邊緣化。

家庭為社會基本單元，國家應盡力保全家庭團聚[2]

COVID-19疫情期間，二〇二〇年二月大陸委員會原訂要開放中籍配偶子女來台，引發反彈，因此政策急轉彎，重新修正入境措施：若為未成年子女，且中國親人無力照顧，父母皆在台者，才能向內政部移民署專案申請，經專案審查，再決定准駁。不過，政府不讓部分中配子女來台，是否違反了《兒童權利公約》呢？

在討論中華民國政府對這些孩子是否負有人權義務，可從二個角度來看——台灣對「外國籍兒童」沒有管轄權，若尚未入境，則屬兒童權保障的例外；台灣對「本國籍兒童」有管轄權，則須積極保障其權利，但在合乎公約精神的前提下，可能得以公共衛生等正當事由，暫時「合理化」無法履行義務的情況。換句話說，若中國籍兒童尚未進入我國管轄權範圍內，對於中華民國政府來說，可能就不會發生保障兒童權利的法律義務。

《兒童權利公約》第四條規定：「締約國應採取所有適當之立法、行政及其他措施，實現本公約所承認之各項權利。關於經濟、社會及文化權利方面，締約國應運用本國最大可用之資源，並視需要，在國際合作架構下採取該等措施。」在考量防疫資源有限，而無法同時分配給所有與台灣有法律關係的兒童，本條文即留給政府適度安排的空間，但仍應受適當監督並隨時彈性修正，不能永遠拿資源有限當作藉口。

公約第十條則規定，兒童或其父母為團聚而請求進入或離開一國時，國家應以「積極、人道與迅速之方式」處理。而所有兒童事務，都應以兒童最佳利益（best interests of the child）為優先考量。然而，《兒童權利公約》雖要求國家處理兒童或其父母進入國境之請求，但其並未要求國家一定要同意兒童或其父母之請求，而將裁量權留給政府。

第十條規定還有但書：限制入境的規定應有具體法律依據，且該法規依民主原則作成，其要求必須出於保護國家安全、公共秩序、衛生或道德，或他人之權利及自由所必須等考量。而且限制入境這件事不能壓縮到《兒童權利公約》所承認之其他權利——比如說他們所處的地方受到高度社會壓迫、面臨人權立即侵害的威脅等。

針對此狀況，關於《公民與政治權利國際公約》之A.S.訴加拿大案中，申訴人是居住在加拿大的波蘭裔加拿大公民，他爭取自己居住在波蘭的波蘭籍女兒和孫子許可入境加拿大，卻被加國駐波蘭華沙領事館以女兒不具有專業資格而拒絕。人權委員會認為，該女兒不是加拿大公民，也非永久居民，不能主張入境自由，而且也不能因此認為如此行為有侵害他們的家庭權，因家庭權受國家保護的前提是，家庭成員之間存在有效的家庭生活，而申訴人和女兒長時間分離，僅有短暫共同生活，因此不能主張家庭權。

無論如何，《兒童權利公約》其實早已提出折衷的思考方式，面對「防疫公益」與「兒童團聚」的潛在衝突，應隨著疫情變化及資源調度做出修正，以展現兼顧公共政策及人權保障的智慧。另方面，早在一九九〇年簽署、一九九二年批准《兒童權利公約》的中國政府，也應盡力維護這些暫時離開爸媽的兒童，他們的健康權與其他經濟社會生活相關權利。

---

1 改寫自楊貴智，〈婚姻平權里程碑：南非Fourie案〉及許珈熒，〈通姦除罪化討論背後暗藏的性別壓迫〉，法律白話文運動。

2 改寫自王鼎棫、李柏翰，〈就法論法——防疫時期不讓中配孩子來台是否違反「兒童權利公約」？〉，法律白話文運動。

思辨與討論

- 本章中，我們提到婚姻自由，而司法院釋字第七四八號把婚姻定義成「為經營共同生活，成立具有親密性及排他性之永久結合關係」，你認為此定義符合人權規定嗎？

線索：法律白話文運動網站上的「婚姻平權與同志權益」專題收錄了許多精采的文章，其中不乏針對婚姻定義過於限縮之批判，而「毀家廢婚」的思潮也值得討論。

- 在民法規定中，似乎不是所有想結婚的人，都被允許與其伴侶結為連理。除了過去的同性伴侶外，你還知道哪些例子嗎？那些法律限制的理由是什麼？你是否同意？

線索：國家真的管很多，許多國家曾禁止異族通婚，世界各地對於「非單偶婚姻」（non-monogamy）的規定亦不同，近親（consanguine）婚姻亦深受亂倫禁忌影響。

第十七章　擁有屬於你東西的權利

每個人都有權利去擁有東西並分享它們。沒有人可以毫無正當理由就拿走我們的東西。

《世界人權宣言》第十七條規定：「人人有權單獨擁有或與他人合有財產。」而且「國家不得無理剝奪任何人之財產。」這項權利很有意思，定義了人是具「擁有」東西能力的，其實現原則上須是排他的。人所處的世界很特別，或者應該說，人很特別——有精神世界的範疇，深不可測，包括抽象的感受、邏輯、概念、靈感與思維，也有各種物質所構成的大千世界，具體而可能得由人所占有，甚至擁有。

幾乎在所有語言中，「有」都是非常有趣的概念，被擁有的往往是客體，是可以被處分或宰制的對象，但此概念近來備受挑戰。

依法納稅是公民的憲法義務，但納稅人權不可少[1]

《納稅者權利保護法》於二〇一六年底公布，二〇一七年底開始施行，不過該法在制定前，其規定已制定於《稅捐稽徵法》第一章之一（後來刪除了）。隨著各先進法治國家對納稅者權利保護開始陸續設有專法，也為了保護我國納稅者權利，維護憲法與人權法上人民的基本保障，納稅不再只是為了提升國家稅捐稽徵效果，確保國家收入。在這些考量下，我國確實有制定納稅者權利保護專法之必要。

《納稅者權利保護法》是一部以維護納稅人權為主之專法，其在第一條第一項即表明立法目的：「為落實憲法生存權、工作權、財產權及其他相關基本權利之保障，確保納稅者權利，實現課稅公平及貫徹正當法律程序。」

納稅者保護專法大致上有五大重點。第一為「基本生活所需費用」不得加以課稅。也就是說，不應該為了課稅，而侵害到人民生活的基本開銷，否則這不僅侵害一個人的生存權，更侵害了一個人的尊嚴。第二關乎公平合理的課稅，過去被稅捐稽徵機關查到稅捐繳納有問題時，除了補稅，還會有罰鍰，但現在若交易合乎民法規定，稅捐稽徵機關雖可要求納稅者繳納滯納金跟利息，但不得課逃漏稅捐的罰鍰。

第三是落實正當的法律程序，包括稅捐稽徵機關取得證據的方法需合法、委請代理人（如律師）到場的權利、公開解釋函令，以避免納稅者遭受到不可預期的侵害。第四為強化納稅者的救濟保障，為避免稅務案件落入不懂稅法的法官手中審理，行政法院應設置稅務專業法庭，也要避免課稅爭議久懸未決。最後是設置「納稅者權利保護諮詢會」以及「納稅者權利保護官」，以監督相關政策之實施。

《納稅者權利保護法》二〇一七年十二月二十八日正式開始施行，卻於施行前的十二月十八及十九日有一場由法稅改革聯盟發起之「反財稅黑手運動」於凱達格蘭大道展開。這場運動當中，除了對許多稅法改革有其訴求，更對原本立意良善的《納稅者權利保護法》可能發生條文內容執行上之「走鐘」有所不滿——尤其是最受社會期待之納稅者權利保護官及稅務專業法庭等制度。

雖說原本期望可以經由專業的納稅者權利保護官以及具有稅法專業之法官來保護納稅者，然而在納稅者權利保護官資格及選任要點中，卻是從財政部各地區國稅局及地方稅稽徵機關中去選任。簡言之，原本是查我們稅的人，反而變成要跟我們站在同一陣線，說會幫助我們對抗國家，這不免讓人擔憂有「球員兼裁判」之嫌。

既然我們認為現在審理稅務案件之法官，恐怕不具有專業的稅務知識，《納稅者權利保護法》才希望設有稅務專業法庭，但司法院直接以審理稅務案件的判決書數量來認定一名法官是否具有稅務專業，此種審核方式實在難以讓人信服。

《納稅者權利保護法》原本是基於維護納稅人權的立場，使納稅者除了背負繳納稅捐的義務，也有享相對應的權利而制定，理想上來說，該立法意旨是非常良善的，可是部分條文的規定卻讓人開始擔憂此法是否能如預期般落實。無論如何，這部法案僅是財產權保障的起點，仍有賴公民社會持續觀察與監督。

世界觀之差異，並非所有人看到土地都想到財產[2]

二〇〇五年九月間余榮明等三名泰雅族人發現風倒的櫸木，經司馬庫斯部落會議決議後，將其帶回部落。儘管《森林法》已於二〇〇四年一月增訂第十五條第四項「森林位於原住民族傳統領域土地者，原住民族得依其生活慣俗需要，採取森林產物」之規定，但仍被林務局告發，新竹地院判決三人竊盜罪成立，之後於二〇一〇年更一審時才逆轉。

二〇一二年九月台東卑南族卡地布部落為「捍衛祖靈」向台東市公所及縣政府丟擲漆彈，被縣政府狀告侮辱公署罪。當時事出縣政府不顧第六公墓位於族人傳統領域，執意遷葬。後來法官認為縣政府「強制遷葬」已經違反了憲法與國際人權法等規定，毀壞了部落的家，故族人的抗爭行為不構成侮辱。

二〇一三年十二月在花蓮秀林慕谷慕魚山區，許多紅檜、扁柏等木材風倒於太魯閣族銅門部落傳統領域內。十二月二十五日花蓮區林管處以清理倒木為名將它們拖運下山，被部落發現，主張林務局在告知與諮詢前不可以動，雙方陷入對峙。最後，雙方終於在二〇一五年四月七日簽訂「林木共管協議」，整起事件才劃下句點，同意讓林務局暫時保管那些珍貴林木。

猶記得二〇一六年八月一日總統代表政府向原住民族的道歉文：「荷蘭及鄭成功政權對平埔族群的屠殺和經濟剝削，清朝時代重大的流血衝突及鎮壓，日本統治時期全面而深入的理番政策，一直到戰後中華民國政府施行的山地平地化政策。四百年來，每一個曾經來到台灣的政權，透過武力征伐、土地掠奪，強烈侵害了原住民族既有的權利。」不管誰在朝，都未曾賦予原住民族在傳統領域自治的權力，他們必須按照統治者的遊戲規則生活，因而產生各種衝突。

二〇一七年二月原住民族委員會公告了《原住民族土地或部落範圍土地劃設辦法》，招致原民團體與族群議會諸多不滿。該辦法最明顯的問題在於其將傳統領域限於「公有土地」，而排除私人土地，如此使針對土地開發案知情同意的權利形同虛設。原民會聲稱傳統領域劃設若包括私有地，將造成其他人的財產權受到侵害，但概念上「傳統領域」從來就不等於所有權，而係為了確認並保障原住民族對土地使用之集體同意權。

原住民族看待土地的方式不同於主流的資本社會，傳統領域包括舉行祭典、祖先居住、墾殖耕種或漁獵、狩獵等空間，與一般土地所有權強調排他專屬的支配權不同。這些場域必須在部落的架構下分享、維護與利用，而非任何個人可以決定處分的。而根據《原住民族基本法》第二十一條：「政府或私人於原住民族土地（包括原住民族傳統領域土地及既有原住民保留地）或部落及其周邊一定範圍內之公有土地從事土地開發、資源利用、生態保育及學術研究，應諮商並取得原住民族或部落同意或參與，原住民得分享相關利益。」

原住民欲透過傳統領域之確認——而不只是一群人的「共有土地所有權」而已——延續其民族的文化主權（cultural sovereignty），卻遭到資本主義社會對「財產」概念之執著，而被誤解與否認。台灣社會應重新認識原住民族土地如何因為殖民歷史而流失，也在過程中讓每個在台灣這塊土地上的人理解，不要再讓原住民族在經濟發展的大旗下被犧牲。

1 改寫自黃書瑜，〈納稅者權利保護法是什麼？跟我有什麼關係？〉，法律白話文運動。

2 改寫自楊貴智、李柏翰，〈別在都蘭的土地上輕易地說愛我——劃設傳統領域背後的那些故事〉及簡年佑，〈原住民族傳統領域劃設，問題爭議好好說清楚〉，法律白話文運動。

思辨與討論

- 本章中，我們提到，每個人對自己具有所有權之物品與財產，應擁有排他、不受干預、不得被任意剝奪或徵收的權利。那國家課稅、徵用工廠生產線的正當性為何？

線索：新冠肺炎大流行期間，口罩國家隊和疫苗國家隊防疫有功，政府對廠商有何補償？法律白話文運動網站上的「報稅小學堂」專題則有關於稅賦正當性的討論。

- 從個人主義的角度看待土地，與從集體、社群共享的角度看待土地，意義顯然大不同。人權法視前者為經濟權，卻視後者為文化權。二者發生衝突，該如何調和呢？

線索：原則上，人權之間並不會產生衝突，而是相互連動的關係，故經濟權（如土地所有權）與文化權（如傳統領域劃界）之間的矛盾是個需要破解的稻草人謬誤。

第十八章　思想的自由

我們都有權利相信我們想要相信的，有權利信仰某個宗教，或是當我想要的時候，可以改變想法。

只要被承認為人權的權利（與其他法律上的權利不同，如債權），都應該平等地由所有人所擁有，且不容恣意限制。其中一項非常核心的權利，就是尊重所有人自由地體會這個世界，去觀察、思考，去理解自己與其他人的關係，去尋找心靈上的憑藉與安慰。就如同《世界人權宣言》第十八條所強調：「人人有思想、良心和宗教自由的權利」，而「此項權利包括改變他的宗教或信仰的自由，以及單獨或集體、公開或祕密地以教義、實踐、禮拜和戒律表現其宗教或信仰的自由。」不論國家樂意與否，侵犯良心自由就是人權紅線。

思想控制，最可怕的地方在人人自危、相互審查[1]

一九四九年中華民國政府頒布了《懲治叛亂條例》，其中第五條規定：「參加叛亂之組織或集會者，處無期徒刑或十年以上有期徒刑。」只要你被認定參加「叛亂組織」（如讀書會），就要面臨最高無期徒刑的刑責。又，若你曾有「顛覆政府」的言行，你會直接適用《懲治叛亂條例》第二條第一項之規定（俗稱的「二條一」），犯了《刑法》中的內亂或外患罪「處死刑」。也就是說，「二條一」變成優先適用於普通刑法的特別法律規定。

原本《刑法》第一百條規定：「意圖破壞國體、竊據國土，或以非法之方法變更國憲、顛覆政府，而著手實行者，處七年以上有期徒刑；首謀者處無期徒刑。預備或陰謀犯前項之罪者，處六月以上、五年以下有期徒刑。」再加上「二條一」，只要任何人意圖破壞或是顛覆政府，就可以被處以死刑。所謂「意圖」，例如參加讀書會，讀了政府不喜歡的書，或在日記裡面發現你支持社會主義，甚至讀了有台獨思想的歷史書籍。許多人就因為莫須有的「二條一」葬送了寶貴的生命。

思想控制，最可怕的地方在於自我審查。當你知道一件事情你不能講，就無法好好地想。在「二條一」的肆虐之下，台灣人經歷了很長一段可怕的日子。一旦你參與黨外運動，你就是「叛亂分子」，許多人乾脆不碰任何政治、乾脆不關心任何社會議題，把自己裝成一個不需要批判思考的人，便不會捲入這些紛爭——這也是為什麼會有許多老人家，完全不敢參與政治，甚至告誡年輕人不要參與政治，因為在過去參與政治的代價，是「命」。

一九九一年五月九日發生了獨立台灣會事件，又稱「獨台會案」，包括廖偉程在內等四位大學生被以「二條一」逮捕。不過，此時台灣人在政治思想上已經發生質變，一九九〇的野百合事件，社會逐漸走向民主，諸如「二條一」這種壓抑人民思考的法律，以及政府粗暴的獨裁行為，自然引起逐漸覺醒的人民之反感。「獨台會案」引發社會譁然，許多人大力批評政府的粗暴行為，五月十五日全國各大學的學生罷課並於台北車站進行靜坐的抗議活動。在輿論壓力下，立法院於五月十七日三讀通過廢除《懲治叛亂條例》。

雖然《懲治叛亂條例》被廢除了，但是「刑法一百條」仍箝制著人民的言論自由，因此李鎮源、林山田、陳師孟、瞿海源、張忠棟等數名學者成立了「一〇〇行動聯盟」，要求政府廢除刑法一百條，發起「反閱兵、廢惡法」的運動。一九九一年十月十日成了中華民國的末代國慶閱兵典禮，「一〇〇行動聯盟」在這次行動中以組織性的非暴力方式，抗議「閱兵」與「刑法一百條」所代表的反民主及威權象徵。

雖然抗爭行動馬上受到主流新聞媒體之反彈，但是在反閱兵運動之後，一〇〇行動聯盟仍繼續向國民大會請願並絕食抗議，呼籲人民正視民主之寶貴。最後，立法院於一九九二年五月十五日通過《刑法》修正案，將第一百條改成「以強暴或脅迫著手實行者」作為犯罪手段，並刪除「陰謀犯」。

相關法規修正廢除後，多名政治犯，包括獨台會案的廖偉程等人終於被無罪釋放，台灣社會也才慢慢走入思想與言論自由的時代——而這，也不過是三十年前的事而已。

尊重信仰自由，不等於放任宗教組織成法外之地[2]

二〇一八年十月「宗教基本法草案」引發爭議，誠如草案案由所說，「因少數團體或個人假借宗教名義所發生之不法行為，反應在人民對政府功能的主觀期待上，甚至希望政府對宗教加強監督管理。」然而，政府在制定宗教相關法規時，不免會發生不尊重或過度干預宗教人權，而影響信仰對引領安定的重要性，於是要求政府緩和相關管制措施。

司法院釋字第四九〇號解釋是大法官初次描繪宗教自由的管制界線。當事人是「耶和華見證人」教派的教徒，相信凡與《聖經》牴觸的言行，均本於良心譴責而不為。由於《聖經》有教導「不再學習戰事」（如以賽亞書二章二節至四節），基於信仰，他始終拒絕參與任何軍事活動，包括拒絕一九九六年十一月的入伍令，因此不斷接受軍法制裁，反覆入監服刑。

面對信仰受到重大箝制，當事人認為《兵役法》強迫當兵的規定牴觸了宗教自由。然而，大法官認為宗教信仰自由的內涵，包含了「內在信仰的自由」、「宗教行為的自由」以及「宗教結社的自由」等三個層次。包括人類思想、信念及精神等內在自由，應受到絕對保障，國家絕不能有任何侵犯。相對地，由內在信仰衍生的外部活動與結社行為，因不免與周遭環境產生互動，而可能涉及他人權利，甚至影響公共秩序，僅能受到相對保障。

同在九〇年代，曾有寺廟與其他宗教團體辦理土地贈與及買賣，後來卻因某些因素，寺方主張贈與買賣行為無效，請求塗銷所有權移轉登記。法院認為，該寺廟未經其所屬「中國佛教會」決議即私自處分土地，該等行為依《監督寺廟條例》無效。受贈的宗教團體不服，憤而聲請大法官解釋。二〇〇三年的司法院釋字第五七三號解釋指出，人民為實現內心宗教信念成立或參加宗教組織，就其內部結構、人事及財政應享有充分自主，若無其他重大公益需求，不可恣意限制，宣告《監督寺廟條例》中財產管制相關規定違憲。

儘管宗教與信仰自由應盡量不受外在限制，而國家應謹守宗教平等及中立原則，然而二〇一八年的「宗教基本法草案」幾乎不成比例地拋棄了所有管制，比如要求主管機關不得介入宗教教務、法院不得調解或干涉教務紛爭，甚至「國家不得強制要求宗教團體遵守民主與公開之原則」，當然引發質疑。

草案最大的爭議在於「宗教組織」是否可以完全成為世俗法律之化外之地？憲法及人權法既然都設定了國家有化解人民紛爭之「保護義務」，儘管是宗教爭議，仍然涉及了人類活動，豈可視而不見。換句話說，國家既獨占維持治安的貫徹權限，即應負起義務，積極保護個別國民心中認定的宗教自由，使其彼此處於和諧關係，若國家捨此不為，人民只能自力救濟，國家存在的正當性也將受到動搖。

無限上綱的宗教放任，將可能是抑制世俗想像力之濫觴。在面對國家、宗教、信徒、非信徒之間的四角關係，國家一開始既有建立一定的法律秩序，使其個別國民的自由權利處於和諧發展的保護義務，即便以管制宗教的方式為之，只要是出於避免他人的損害或保護重大公益所為，就是一種必要行為，國家應積極為之。

1 改寫自劉珞亦，〈曾經台灣有部法律控制你的思想〉，法律白話文運動。
2 改寫自王鼎棫，〈當宗教基本法劃出法外之地——國家該管制宗教嗎？〉，法律白話文運動。

思辨與討論

- 本章中，我們提到，人人有思想與宗教信仰的自由，而此權利與良知緊密關聯。同婚合法化後，曾有神父拒絕為同性戀者證婚，主張違反《聖經》教義，請問是否合理？

  線索：二〇一八年六月和十月美英兩國最高法院分別針對「同志蛋糕案」做出判決（即Masterpiece Cakeshop v. CCRC及Lee v. Ashers Baking Company Ltd），可比較看看兩者對宗教權的見解。

- 歐洲許多國家禁止穆斯林婦女穿罩袍，認為限制了女性行動自由，或有危害公共安全之虞，反對者認為這侵害了宗教自由，甚至恐怕隱含種族歧視，請問你怎麼看？

  線索：法國自二〇一〇年實施面紗禁令，包括兩種常見穆斯林女性服飾，許多國家跟進而備受爭議，歐洲人權法院認為未侵犯人權，但聯合國人權委員會卻持不同意見。

第十九章　表達的自由

我們都有權利自己做決定，去想我們所喜歡的東西，去說我們所想到的，並且與其他人分享我們的觀念。

我能夠想說什麼就說什麼嗎？我能想怎麼打扮上街，就怎麼打扮嗎？能夠我手寫我口，盡情表達內心真實的想法嗎？根據《世界人權宣言》第十九條的規定：「人人有權享受發表主張和意見的自由」，而「此項權利包括持有主張而不受干涉的自由，以及透過任何媒介並不論國界，尋求、接受和傳遞消息和思想的自由。」所以，你當然可以，但以不會蓄意傷害他人尊嚴、壓抑他人自由為限。在某些地方，只要你不要踩到法律的警戒區，言論與表達是極其自由的，但問題可能在於：就算都讓你表達了，你的意見有被當一回事嗎？

對自由意志最大的壓迫，就是不讓人們表達意見[1]

二〇二一年二月在公視首播的《天橋上的魔術師》是改編自作家吳明益同名小說，重現一九八〇年代台北市中華商場的電視劇。其中，第四集描繪了白色恐怖時期威權政府監控的模樣，以及當時黨外人士及若干書店私下偷偷銷售相關禁書及雜誌的景況。一切的陰沉、壓抑和恐怖，都來自政府大力推行之「出版管制」。

一九四六年國民政府《台灣接管計畫綱要》第一通則第七條載明，「接管後公文書、教科書，及報紙禁用日文。」自當年十月二十五日起一律撤除新聞雜誌之日文版。除了去除日文「遺毒」外，戰後遷台的國民黨認為國共內戰之失敗，很大程度歸因於共產黨之言論及文藝滲透。為加強文化思想之控制，除了以黨領政，也開始掃蕩市面上的「匪情刊物」，遭查禁的包括有左翼思想、作者陷匪（作者投靠共產黨）等書籍。一九六九年台灣警備總司令部公布《戒嚴時期出版物管制辦法》，又增訂全面禁止中國出版品在台灣出現等規定。

一九五二年三月二十五日通過的《出版法》進一步要求所有書報出版都要事先登記，不僅要載明出版品的類別，連編輯人的姓名、性別、年齡、籍貫、經歷及住所都要記錄。此外，同法第三十二條要求出版品不可出現觸犯或煽動他人犯內亂罪、外患罪、妨害公務罪、妨害投票罪，或妨害秩序罪者、褻瀆祀典罪、妨害風化罪等內容，否則會受到主管官署之處罰。而除了《出版法》外，《台灣省戒嚴期間新聞紙雜誌圖書管制辦法》中也規定出版物不可以洩漏國家機密、宣傳共產主義、詆毀國家元首、違反反共抗俄國策等。

出版限制對人民的言論自由雖有所干預，但真正讓人民噤若寒蟬的並不在於出版本身，更在於隨之而來對人身自由之約束。當時許多知識分子因為「閱讀反動書刊」、「討論反動書刊」、「傳閱反動書刊」、「私藏反動書刊」、「銷售反動書刊」迎來牢獄之災，如知名作家葉石濤先生，就因戰後初期曾與一位台共人士往來並購買了幾本「匪書」，一九五一年依當時《戡亂時期檢舉匪諜條例》中「知匪不報」之罪被捕入獄，判刑五年。

對於言論自由之限制，其實不只停留在歷史或電視劇裡。二〇二〇年文化部曾引用《台灣地區與大陸地區人民關係條例》第三十七條第二項的規定，訂立所謂《大陸地區出版品電影片錄影節目廣播電視節目進入台灣地區或在台灣地區發行銷售製作播映展覽觀摩許可辦法》，企圖防範中國出版品的統戰攻勢，引發「出版法復辟」的疑慮。姑且不論兩者規範強度之差異，這樣的爭議都在在提醒我們，捍衛民主必須時時刻刻檢視出版管制的正當性。

當台灣人在追劇之際，放眼鄰近的亞洲地區卻毫不平靜——緬甸因軍方政變所引發之一連串罷工及抗議活動，在軍方失控下以實彈射擊抗爭民眾造成數人死亡；在香港，參與二〇二〇年香港立法會選舉民主派初選的四十七名人士被以「串謀顛覆國家政權罪」起訴，並陸續受到法院審訊。這些都是人民因為不能自由地想、不能自由地說，而不斷再現國家打壓的劇碼。從緬甸及香港的經驗反思台灣歷史，唯有言論自由受到尊重與保護，其他民主價值才能夠被充分實現。

並非大人專屬，兒童也有說話並且被聽見的權利[2]

一九九七年出生的烏克蘭女孩雅娜（Yana Panfilova），出生時就感染了愛滋病毒。當時烏克蘭社會對於愛滋病還不太了解，致使她在童年遭遇許多歧視待遇。在母親幫助下，雅娜創辦了Teenergizer青少年社團，給予年輕的愛滋感染者社會協助。社團工作一開始情況並不理想，缺乏相關單位的支持，也幾乎沒有得到任何社會關注。

在聯合國兒童基金會（United Nations Children's Fund）的支持下，Teenergizer開始從烏克蘭當地的互助會，擴展至活動遍及東歐及中亞地區的團隊，還參加了二〇一八年的「國際愛滋大會」。他們的意見越來越受到重視，但在全球範圍內仍十分有限，因此，雅娜在聯合國兒童基金會上發表了一篇題為〈讓世界聽到我們的聲音〉（Together we are louder, together we are heard）的文章，呼籲世界各地的人們關注青少年，關注愛滋歧視議題。

有說話的權利，就有被聽見的權利，但實踐上，說話和被聽見似乎還存在隔閡，這現象在強調「囝仔人，有耳無嘴」的觀念中尤其明顯。《兒童權利公約》第十二條就規定了「被聆聽的權利」（right to be heard）：所有兒童的意見都具有被聆聽且認真對待的權利——尤其關乎會影響到他本人的事情，包括在訴訟中，直接或透過代理人陳述意見。

主流社會大多數人可能都認為兒童心智尚未健全，欠缺為決策貢獻或承擔責任的能力，讓他們做主，可能會對他們自身及周遭的人產生不利影響。因此，做「大人」的應該有義務幫他們做出最適當的決定——都是為你好，但這個想法無異於政府看待公民的家父長態度（paternalism）。從人權的角度來看，這個想法對也不對。

對於生活中的風險判斷與專業認識，具有較多經驗或知識的人，的確能提供缺乏經驗和知識的人相關指引與教導，但在意見表達上，無論經驗豐富與否，都不能否認每個人有其自身的理解與想法，因此相互理解與「溝通」成為最重要的事。事實上，有越來越多的實證顯示，兒童是有能力參與決策，且具有廣泛的積極影響。

兒童權利委員會認為，承認兒童表達意見並參與各種活動的權利，對兒童、家庭、社區、國家都是有利的。首先，讓兒童表達意見，獲得相關技能、建立信心，有利兒童人格之健康發展。再者，兒童的意見和所有人一樣，大多來自生活中的體會、需求與關注，有利相關決策制定之完善。其次，兒童觀點經充分表達且受到重視，可用來指認並對抗暴力、虐待、威脅，以及不公正或歧視待遇，有利於兒少權利保障。最後，今天的兒少是明天的主流公民，其意見受到重視及保護，可強化國家的正當性，將有利於社會的健康發展。

台灣雖於二〇一一年完成修訂《兒童及少年福利與權益保障法》，並在二〇一四年公布並施行《兒童權利公約施行法》以國內法化《兒童權利公約》，但可惜的是，整部法律仍忽略了兒童意見被聆聽的權利。由於家庭、社會權威文化根深柢固，父母、教師及社會中成年長輩對於兒童意見之不重視，甚至可能覺得這是在浪費時間和力氣，可能導致兒少在成長過程中直接或間接地受到傷害。法律固然能在一定程度上保護兒童的權利，但更需要通過全體社會觀念上之轉變，而聆聽兒童的意見或許是一個好的開始。

1 改寫自江鎬佑，〈從《天橋上的魔術師》，反思對出版與民主的箝制〉，法律白話文運動。

2 改寫自黃哲融，〈「囝仔人，有耳無嘴」——大人們，你們可以聽聽我的意見嗎？〉，法律白話文運動。

思辨與討論

- 本章中，我們提到，每個人都有「想說什麼都可以」的言論與表達自由。若有人在社群媒體上散布帶有歧視的仇恨性言論，請問這些言論也該受到言論自由保護嗎？

  線索：政治哲學家伯林（Isaiah Berlin）曾提出兩種自由——不受他人影響而得做所欲之事的「消極自由」及能參與公共事務的「積極自由」，兩者如何平衡往往成為公共討論的重點。

- 若有人在網路上散布謠言、不實資訊、假新聞，甚至影響公共安全，請問國家可以禁止這些言論嗎？若不行，為什麼？若可以，要如何避免這些規定被無限上綱呢？

  線索：陰謀論、假新聞、資訊戰、後真相、資訊疫情（infodemics）都是熱門的關鍵詞，劉致昕的《真相製造》（*Reality is Business*）與紀錄片《輿論製造公司》（*Influence*）都值得一看。

第二十章　公眾集會的權利

我們都有權利接觸我們的朋友，並且一起和平地保衛我們的權利。如果我們不願意，沒有人能命令我們加入任何團體。

人權規範中，大部分權利與自由的概念是很個人的，關照的大多是一個人的念頭、想法、意見表達、行動、謀生能力、財產、生計等，但人在江湖中，有許多事情是無法憑一己之力完成的。因此，《世界人權宣言》第二十條規定：「人人享有和平集會及結社自由的權利。」這項權利承認了公民之間互相串聯與合作的重要性，尤其當對手是龐大的國家機器以及主流社會的時候。不過，這一條還有另外一項規定，「不得迫使任何人從屬於某一團體。」可見在加入任何組織、集會與社團時，每個人都該是明白利弊得失，而心甘情願。

遊行抗議沒錯，除非它造成危險或蓄意破壞法治[1]

二〇一七年八月十九日，因「台灣反年金改革行動」相關團體在台北田徑場外陳抗，導致來自世界各國參加世界大學運動會的運動員無法順利進入開幕式。消息傳出，網路輿論沸騰，批評者認為這樣的陳抗行為讓台灣「很丟臉」。甚至，有不少人認為應全面禁止到國際運動會場抗議的行為。

然而依《憲法》第十四條規定，「人民有集會及結社之自由。」人民本來就有上街遊行的權利，只是行使這項權利，通常會影響到他人，所以需要法律來做一些安排與限制，因此台灣還有一部《集會遊行法》。依照現行制度，集會遊行需要主管機關「許可」，而此許可的標準容易因政治立場而改變，在已民主化的台灣社會更是不被允許。

因此，經過兩次大法官釋憲後——司法院釋字第四四五號及第七一八號解釋——大法官認為「許可制」是合憲的，只是要做一些區別。如果是針對遊行的「非內容」之處，例如地點、時間、方式等，主管機關可以要求更改，但若是針對遊行的「內容」，如陳抗的對象是年改、服貿，主管機關不能介入干預，以保障人民言論與思想自由。

然而，凡事總有例外。一旦集會遊行的內容具有「明顯且立即的危險」，主管機關可以不同意。這主要是參考美國最高法院大法官霍姆斯（Oliver Wendell Holmes, Jr.）在一九一九年的「申克訴合眾國案」（Schenck v. United States）提出的：「……在於所提出之言論出版內容，是否已達到足以引起明顯而立即之危險狀況，而產生議會有權阻止實質危害……」比如暗殺、教唆暴力、種族歧視等。

基於人權保障，人人都可以抗爭。關於反年改團體的陳抗事件，年金改革涉及到軍公教本身的權益，為自身權益發聲沒有錯，內容本身亦無「明顯而立即的危險」，故反年改團體之陳抗是應受法律保障的，若僅造成他人暫時的不便，亦屬應容忍之範圍（並藉由媒體曝光，提高抗議效果）。在世界貿易組織議場外也經常發生抗議，大多關於反對自由貿易。二〇一六年巴西里約奧運場外有關於「為興辦奧運迫遷貧民」的抗議。二〇〇八年北京奧運，各國傳遞聖火時也發生各種抗爭，大都是針對中國境內的人權迫害。

那麼可以針對抗爭的「手段」設限嗎？抗議者可以阻擋選手進場嗎？施放煙霧彈與攻擊警察呢？這些問題都直指一個核心議題：不能破壞法治的底線——刑法。在二〇一四年國道收費員自救會案中，因為ETC（電子道路收費系統）導致許多國道收費員失業，所以他們透過占領高速公路的方式當作抗爭手段，被警方依公共危險罪嫌移送偵辦，但桃園地檢署認為，抗爭收費員們在高速公路四線道上，仍有讓出兩線，並未造成具體危險，而以不起訴處分。至於國道警察舉發違規停車、監理單位裁罰一事，抗爭者向桃園地方法院提起行政訴訟，法院認為國道收費員上國道抗爭是言論自由保護之象徵性言論，當時亦是和平集會，應受兩公約保障，因此撤銷原裁罰。

八一九反年改抗爭後，網民群情激憤，似乎未達陳抗效果，時任台北市長柯文哲甚至在記者會上批評這些團體是「王八蛋」，助長了反對陣營的情緒氣焰。如此也很危險，若針對自己不贊同或不在乎的議題，就輕言判定誰能或不能擁有什麼權利，亦不符合民主原則。只要言論沒有立即危險，只要手段並未無故破壞法制，那麼每個人意見及其表達方式都應該有自由進入言論市場，接受其他人的評斷。

上街抗議時，非得讓全世界都能看出我是誰嗎？[2]

近幾年對台灣人來說，最讓人感到挫敗且惶恐的人權問題，莫過於目睹香港人被鎮壓的狀況。二〇一九年六月以降之「反對《逃犯條例》修訂草案運動」（又稱「反送中運動」）迄今，香港政府為了遏止人民走上街頭，除了施放催淚彈、胡椒噴霧、橡膠子彈等方法，少數可以堪稱以「法治」方式處理的當屬在同年十月四日根據《緊急情況規例條例》頒布的《禁止蒙面規例》，雖然已於十一月八日遭香港高等法院確認違反《香港基本法》而暫停適用，但是「禁止蒙面」這件事，真的毫無道理嗎？

蒙面，最大的目的就是隱匿身分辨識——它保護了匿名表達的自由，如對執法人員不當蒐證之抗拒；也可能是象徵性或功能性表現的一種形式，如為抗議使用生化武器而配戴骷髏面具，或避免催淚彈等防暴武器而配戴防毒面具。蒙面也可能有「去個性化」（de-individuation）的疑慮，人在無法被辨識的情況下，會因降低自身評價，而容易有衝動、暴力傾向。因此，在管制「蒙面」之前，最重要的確認蒙面的意圖，事前、一般、廣泛的禁止都可能因「涵蓋過廣」而有侵害人權之虞。

被宣告違法的《禁止蒙面規例》規定，警察在公眾場所可要求民眾除去蒙面，如果不願除去將構成犯罪，警察權力得到相當程度之擴張。若「禁止蒙面」的理由是「光明磊落，何必鬼祟」，那此應建立在公開透明的法制這個大前提之上。在香港警察濫捕、施暴等問題未解之前，示威者在和平集會中選擇蒙面掩蓋身分，應是可以被理解且接納的。

而且如果我們擔心「無法辨識個人身分」所造成的影響，採取「犯罪確定後的加重處罰」似乎是一個侵害較小的手段。這樣除了使多數和平示威者仍享有不受恐懼匿名發表言論的自由，若少數人破壞物品，還是可以用刑法規定中的毀損罪處理，甚至若有襲擊警察等行為則能用妨礙公務罪繩之以法。因此，當蒙面有可能造成暴力犯罪的時候，再施以更重之處罰，似乎才是兼顧匿名言論自由與集會遊行秩序的方法。

當一個人對某個社會制度發出質疑，或許可能是他對於這個社會適應不良，但當同時有數百、數千甚至數萬公民都對某項社會制度有意見，就代表這個制度可能有問題，此時應探究其訴求，以消弭社會衝突。集會遊行就是希望讓這樣一股力量有機會被看見，正因一個人的聲音容易被忽略，所以集會遊行權就是要為了保障人民得以集體行動的方式，和平地表達眾人之意見，透過與社會各界溝通對話，形成或改變公共意見，並影響、監督政策或法律之制定，這也是基於「主權在民」的理念所應該落實的基本人權。

為了保障這項自由，國家要做的應該是協助集會遊行之順利，包括提供適當集會場所、採取可以有效保護集會的安全措施，以及設計相關制度，確保參與者能在毫無恐懼的情況下行使權利。禁止集會遊行的參與者蒙面，香港並非首例，但該法案卻引起香港市民強烈反彈及擔憂，本質上就如同反送中運動深層之恐懼——日後遭國家報復的可能性。面對市民的恐懼，政府該做的並不是強制揭開遊行者的面紗，而是睜開看不見民意的眼睛。

1 改寫自劉珞亦，〈反年改抗爭是「王八蛋」？禁止陳抗才是真王八〉，法律白話文運動。

2 改寫自蔡涵茵，〈禁止蒙面——因為國家想知道是誰上街頭不可以嗎？〉，法律白話文運動。

思辨與討論

- 本章中，我們提到，人人都應有組織並參與和平集會、結社的自由，而這項自由與思想及言論自由習習相關。法律要求人民事前向政府報備，是否限制了這項權利？

線索：在台灣，關於言論、思想、集會、結社自由之保障不過是一九八七年解嚴後的事而已，可參考法律白話文運動網站上的「轉型正義，沒有人是局外人」專題文章。

- 換言之，沒有人應被迫參加任何社團或集會，但曾有不少政治組織與遊行集會，老師、家長帶著小孩上街頭（姑且不談出於顧小孩的原因），如此是否可能有爭議？

線索：二〇一六年「婚姻平權全民決定」反對同婚大遊行中，據報導，有老師動員學生和家長一同上街，甚至要點名，大人多半戴著口罩，小孩卻沒有，因此引發議論。

第二十一章　參與民主政治的權利

我們都有權利參與我們國家的政治。每個成年人都應該被允許選擇他們自己的領袖。

基於人權及人格尊嚴之妥善保障，自己決定被治理的方式是一項重要的政治權利，而針對這件事，《世界人權宣言》第二十一條規定：「人人有直接或透過自由選擇的代表，參與治理本國的權利。」除此之外，「人人有平等機會參加本國公務的權利。」可見人民當家作主是一項重要的人權原則，因為「人民的意志應為政府權力之基礎；人民意志應以定期且真實之選舉展現之，其選舉權必須普及而平等，並以不記名投票或相等之自由投票程序為之。」如此每個人才會心甘情願地接受並承擔，無論選舉或治理的結果是否盡如人意。

人人都有參與國家治理的權利，展現自決的意志[1]

一八九五年日軍魚雷擊中定遠號戰艦那一刻，歷史敲響大清北洋水師的喪鐘，也隱隱轉動著八百五十英哩外那座小島的命運齒輪。當日本人踏上那片土地，面臨異族統治的台灣人是驚懼又焦慮。巡撫唐景崧發布電報，希望各國協助維護台灣自主性，但隨之而起的台灣民主國並未取得國際援助。在為時數月的血戰中，上萬名台灣人「從容就義」，直到日軍進入台南後，大局抵定，剩餘的台灣人轉而投入游擊武裝活動。

同時日人設立總督府，著手民政，教育也是其中一環。受限於隔離教育，台灣本島升學管道窒礙難行，殖民母國憑著交通與語言便利性，加上一八九九年起實施的「官費內地留學」政策，成為台人留學不二選擇。這些海外學子，成了日後議會設置的請願運動之強大的推手。另外，大正民主與民族自決浪潮，無疑也是請願運動萌芽之重要時代脈絡。

一八六七年德川幕府將國家統治權交還天皇，開啟明治維新時期。《大日本帝國憲法》（明治憲法）雖確立君主立憲與內閣制之憲政體制，實際上卻是寡頭壟斷的藩閥政治。一九一二年終於引爆護憲運動，導致桂太郎內閣總辭。此時的日本，由於經濟與政治生態轉變，迎來思想多元發展的「大正民主」時期。自由主義、社會主義，在同一帝國下共鳴齊唱。

身為殖民地的台灣卻呈現迴異面貌。日軍進入台灣隔年，日本帝國議會通過「六三法」，賦予台灣總督立法權，將殖民地視為母國外特殊地區，建構不同的法律秩序，而不受日本憲法保障。六三法、總督本身的行政權，再加上《台灣總督府法院條例》，總督集行政、立法、司法三權於一身，許多惡法由此開啟。

受到一九一九年朝鮮「三一獨立運動」鼓舞，留學生與台灣士紳為推動廢除「六三法」，於一九二〇年成立了新民會，以林獻堂為會長。反對者則主張，《六三法》一廢將使台灣落入（日本）內地延長主義之同化統治之中，漸漸抹滅本土認同。知識分子轉向另一種可能獲得日本國內支持、維持台灣自主，又能牽制總督的作法——主張設置台灣議會。

在取得共一百七十八人連署後，一九二一年林獻堂向日本帝國議會遞出「台灣議會設置請願書」，可惜未果。儘管如此，請願運動引發台灣內部廣泛關注，後來蔣渭水等人還成立了以啟蒙台灣文化為旨之「台灣文化協會」，促成後續的請願運動，最後直到運動路線之爭無疾而終。請願運動沒落後，一系列自決運動並非一無所獲，透過一九三五年之總督府律令第一到三號，開啟了地方自治選舉，這是台灣人頭一次爭取到重大的民主成果。不過，總督府也透過選舉權人資格、投票方式、席次安排等制度門檻，大幅限制台灣人的政治參與。

一九四五年日本戰敗，同年十月國民政府軍隊登陸台灣，後來的故事大家也比較熟悉了。百餘年前，先民發起文化啟蒙，推動「議會設置請願運動」，只為在殖民統治下，取得自決空間。悠悠歲月中，台灣人受過專制政權的壓迫、戰爭炮火的侵襲、思想箝制，即使可能淪為槍下亡魂，仍有許多人前仆後繼。這些爭取民主政治的歷史記憶，是身為台灣人絕對不可遺忘的過去。

能選舉，就算民主了嗎？能夠投票並不等於自決[2]

有些民主運動成為社會中的集體記憶，有的，則正在創造歷史。香港從二〇一九年六月以來的反送中運動歷經數波人數與行動升級，走上街頭的年輕人用身體對抗整座城市瀰漫的無力感。二〇一九年十一月二十四日的區議會選舉，不管是灑血街頭的勇武派、誓不割席的「合理非」泛民主派，或以沉默多數據以力爭的「藍絲」建制派，高達七成有選舉權的港民，用一張張選票為這場運動，先標上一個重要的逗點。

區議會選舉的結果出爐，泛民派囊括幾近八成的席次，媒體大都第一時間以「泛民大勝」為題報導，但事實上僅維持了泛民對建制約六比四之得票率。數月血淚衝刺下，如此成績是否為「大勝」恐有商榷餘地。對抗爭民眾而言，港民是否會因為一場選舉，而緩解對街頭抗爭的支持力道，也有待觀察。這場選舉確實在國際上創造了聲浪，但若回到香港本身的投票與政治制度，可發現這對泛民派而言，也是一場先天不公平的比賽。

所謂香港，還可再細分成香港、九龍、新界三個地方，它們又可再分為十八區（港島四區、九龍五區，新界九區）。區選舉採用「單議席、單票制」（single-seat, single-vote system）——每個選區只有一個議席，以多數制決定勝負，最高票者當選；若該區無其他候選人，唯一候選人直接當選。要投票的人須先登記為選舉人，且在登記日（非選舉日）當天為年滿十八歲的香港永久居民。

事實上，區議員並無法立法及審查預算等權限，充其量只能向政府提出建議。相比之下，立法會（Legislative Council）才是香港特別行政區的立法機關。按照《香港基本法》的規定，立法會議員有權制定法律、批准預算、監督政府、同意終審法院法官及高等法院首席法官之任免，而為行使職權，必要時也可以傳召相關人士出席作證。

原本立法會設七十議席，地區直選及功能界別各三十五席。「地區直選議員」類似台灣不分區立委，針對名單而不是人進行投票，採比例代表制，如此制度的好處是保障小黨，壞處是政黨版圖破碎，議案難以達成共識。「功能界別議員」則屬間接選舉，包括職業代表、勞工代表、區議會三大部分，共二十九界別。中國全國人民代表大會於二〇二一年片面決定香港立法會議席修改為九十席，採「四三二方案」——地區直選議員二十席（少了十五席）、功能界別議員三十席，而原本只負責特首選任的「選舉委員會」現可選出四十席。

香港特首選舉也非直接普選，個別公民並無選舉或被選舉權。特首選舉候選人是由選舉委員會提名並投票，而選委會是由工商金融企業界、專業人士界、「農漁工宗教體育演藝文化界」及政治界等四大界別各選三百人，共一千二百人所組成。獲得超過一百五十名選舉委員提名連署，才能夠成為特首候選人。

就制度而言，從區議會職能、立法會改組、地區直選的比例代表制，到香港特首的選舉方式，在在都足以擠壓特定政治傾向之人參與政治的空間，而這樣的選舉根本談不上自由且公平。因此，「只要還能投票，民主就堅不可摧」只是個迷思，所有選舉制度皆不完美，只有不斷地反省並修正，才可能使代議制度盡量趨近於真實的民主意向。

---

1 改寫自白廷奕，〈從「台灣議會請願運動」談台灣議會政治流變〉，法律白話文運動。

2 改寫自江鎬佑，〈能投票就是民主嗎？香港議會選舉給台灣的提醒〉，法律白話文運動。

思辨與討論

- 本章中，我們提到，身為公民，應該擁有「透過民主方式，選擇自己想要如何被治理」的權利——又常稱為自決權。這項權利應該包括公投獨立、支持國家分裂嗎？

線索：關於民族自決或住民自決的討論，可以參考法律白話文運動網站上「自決之路」與「不存在的國家」兩個專題，透過世界上不同地方的案例，反思台灣處境。

- 當今世界上所有民主國家都採間接民主制度，選出代議士幫選民制定法律並管理公共事務。這項制度能真實反映人民意志嗎？若需改進，你能提出任何替代方案嗎？

線索：政治學與社會學界對審議式民主（deliberative democracy）多有探討。關於間接民主，可參考法律白話文運動網站上「選舉風雲」與「罷啦罷罷罷」兩個專題。

第二十二章　社會保障的權利

我們都有權利負擔得起住宿、醫療、教育與兒童照顧，當我們生病或年老時，有足夠的錢去生活及獲得醫療協助。

《世界人權宣言》第二十二條提到：「每個人，作為社會的一員，有權享受社會保障，並有權享受他的個人尊嚴和人格之自由發展所需之經濟、社會和文化方面各種權利的實現」，而「促成其實現，有賴國家措施與國際合作，並應依各國之組織與資源量力為之。」這項權利就是為了滿足所有人為了好好活著，所需要的基本資源及社會支持。基於社會中所有成員之間存在了連帶關係，國家為因應眾人皆可能會遭遇的風險，提供普遍的社會保障，但也應認識到不同處境的人可能承受不同生活需求之匱乏，而應給予不同的補充支持。

生計出現困難時，人人都應受到來自國家的支持[1]

我們或許都曾聽過這樣的說法：「那群人好手好腳的，為何不去工作？」「政府給一堆補助只會讓那群人更懶惰而已。」這種「米蟲」論充斥在我們的社會當中，但也抹殺探究貧窮真相的機會，而無法進一步思考貧窮狀態、窮人與法律之間的互動，更無助於促進社會團結（social solidarity）的目標。

為照顧中低收入戶及救助遭受急難或災害者，立法院於一九八〇年通過《社會救助法》，其中關於貧窮線之訂定、收入及資產計算、工作能力之認定或脫貧措施，向來都是焦點，這些規範也反映了國家對貧窮，乃至於貧窮者的看法。該法對申請扶助者是否有工作能力之認定，大致可分為三種情形：（一）無工作能力者，於符合其他條件時，予以扶助；（二）有工作能力但未就業者，依基本工資設算其收入，以判斷是否符合扶助資格；以及（三）有工作能力但未就業、且不願接受就業服務者，或接受後不願工作者，不予扶助。

相對於促進個人工作的種種規範，「不工作的人」值得國家幫助嗎？從立法歷程來看，於一九六三年發布的《台灣省社會救助調查辦法》即有促進工作之相關規定，至一九八〇年《社會救助法》正式通過時，也明定促進工作之規範，其後於一九九七、二〇一〇及二〇一五年修正時，則陸續納入更多就業輔助服務及緩衝機制。由此觀之，促進工作之規範在我國社會救助體系中，其實早已鑿痕深刻。

從立法目的來看，社會救助法對工作能力要件之所以如此重視，其中一個理由就是因為《社會救助法》採取了「分類救濟」的原則，將貧窮人民區分為「值得救濟」與「不值得救濟」的人，而工作能力之有無正是其中一項分類標準，藉此作為國家財政的節流閥，並對於人民展開道德控制。以福利資格對於人民進行道德控制，似乎符合涂爾幹（Émile Durkheim）所稱，「貧窮本身就是一種道德抑制力的來源。」

這種以工作換取福利（workfare）作為控制貧窮風險的手段，並不限於我國的救助制度。如美國的救助政策強調工作道德（work ethic），政府除了會對申請者進行資產調查外，也十分重視人民是否確實努力工作以脫離福利狀態。然而，以工作福利身分就業的人，不僅通常從事勞動條件惡劣的工作，且常無法享有勞權法制下應有之保障。再如德國二〇〇二年提出之「哈次改革法案第四部」，雖降低了失業率，卻造就許多低薪的非典型就業市場，反而使部分人民（尤其女性、移民）長期處於經濟弱勢。

現行《社會救助法》要求人民須先證明自己窮盡所能後，依然無法養活自己，才能請求政府微施薄恩——讓人不禁反思，國家對抗的究竟是貧窮還是窮人？受到經濟全球化、產業轉型及結構性失業等因素影響，即便申請扶助者有工作能力且有就業意願，都未必能取得適足的工作機會。

目前勞動市場普遍存在非典型之低薪工作，即便有人有工作（甚至數份工作），都不見得能換取足以維持生計的收入，遑論使人參與文化及社會生活。又受到高齡化社會影響，承擔長期照顧責任，進而無法工作的主要照顧者，又該怎麼辦？社會中有太多個人無從掌控的貧窮因素，而國家保障人民生活得有尊嚴，不該是出於選擇性的憐憫。

所有人都該受到與其他人一樣的經濟與社會保障[2]

二〇一六年爆出國防大學學生阿立因感染愛滋被退學之爭議，遭衛生福利部裁罰一百萬元，這是史上頭一回因「就學歧視」開罰的案例。然而國防部持續上訴，雙方纏訟多年，直到二〇一八年衛生福利部、國防部和阿立三方才達成和解。從一九八六年的田啟元師大退學案到國防大學阿立案，這三十年來愛滋防治與人權觀念在台灣並非毫無進展，但社會歧視問題仍然是台灣愛滋防治的最大阻礙。

在台灣，愛滋感染者人權之主要法源是《人類免疫缺乏病毒傳染防治及感染者權益保障條例》，其由一九九〇年公布之《後天免疫缺乏症候群防治條例》於二〇〇七年時修訂而來。修法係緣於當時的「關愛之家再興社區案」；關於感染者權益最重要的是第四條規定：「感染者之人格與合法權益應受尊重及保障，不得予以歧視，拒絕其就學、就醫、就業、安養、居住或予其他不公平之待遇……」

主管《經濟社會文化權利國際公約》權威解釋之經濟社會文化權利委員會，曾在數份一般性意見中特別提到愛滋感染者之經濟與社會權益方面之保障。比如一九九一年關於適足住房權之第四號一般性意見提到，國家有義務「使承受社會不利益的群體（包括愛滋感染者）充分且持續地獲得適足的住房資源」。

二〇〇〇年關於健康權之第十四號一般性意見提到，針對愛滋感染者等邊緣群體，國家應提供安全且確實可取得之醫療服務，相應保障政策不得淪為空頭支票。《經濟社會文化權利國際公約》禁止任何形式之歧視，包括以如愛滋或其他性傳染病等個人健康狀況（health status）為由，妨礙權利平等的狀況。二〇〇五年關於工作權之第十八號一般性意見中，委員會則強調，在取得與保持就業方面，「以愛滋或其他性傳染病為由，妨礙或侵害了個人應平等享有的工作機會」，則構成歧視。

根據二〇〇八年關於社會保障權的第十九號一般性意見，當人們面臨無法充分實現人權的困境時，國家為確保個人尊嚴及生活水平，應提供個人及其家庭取得或保有現金或其他形式之補助，以保護人們免受因各種突發狀況而生活陷入窘迫的情況。在這方面，國家應參酌國際勞工組織（International Labour Organization）

於一九五二年通過的《社會保障最低標準公約》（Convention concerning Minimum Standards of Social Security）——良好的社會保障制度對愛滋等傳染病之防治具有相當之重要性，而消弭疾病歧視是基本要求之一。

經濟社會文化權利委員會在二〇〇九年關於不歧視原則之第二十號一般性意見中，援引二〇〇六年的《國際愛滋暨人權指導方針》（International Guidelines on HIV/AIDS and Human Rights）強調，以保護公眾健康為藉口，不合比例地限制個人人權和基本自由，也會構成歧視。在二〇一六年關於性與生育健康的第二十二號一般性意見中，委員會再補充「立法懲罰未揭露愛滋狀況者、愛滋傳染者、合意性行為之個人等」可能會違反相關人權之尊重義務，因此國家應去除會妨礙個人利用性健康服務的法律或政策，包括強制愛滋檢查，亦應去除會加重污名、歧視等情況。

愛滋原本只是眾多疾病中的一種，但疾病的社會意義是人們添加賦予的，往往會連帶影響對病「人」的觀感，因此反歧視的第一步，通常需要先去污名（de-stigmatization），除去不必要的價值判斷。

1 改寫自莊佳叡，〈對抗的是貧窮還是窮人？淺談社會救助法的促進工作規範〉，法律白話文運動。

2 改寫自李柏翰，〈凝知與愛滋的無間道——從不歧視原則談起〉，法律白話文運動。

思辨與討論

- 本章中，我們提到享有基本社會保障的權利，這是為了使人避免陷入長期貧困處境或匱乏之惡性循環。你有聽說過「無條件全民基本收入」嗎？你的想法是什麼呢？

線索：「無條件基本收入」（Unconditional Basic Income），又被稱作「全民基本收入」（Universal Basic Income），而當代爭論圍繞在如何彌補社會福利制度的局限。

- 其實不少人認為，國家並無義務一直幫助窮人，尤其是有謀生能力但無所事事的窮人。關於這點，你有什麼想法？誰又有權力定義何謂「有所事事」之社會貢獻呢？

線索：個人社會價值非得用勞動力衡量嗎（如工作意願、承擔照顧責任）？若是，正當性為何？可能有其他衡量標準嗎？為什麼社會一定要評價一個人的貢獻如何？

第二十三章　工作者的權利

每一個成年人都擁有工作、公平的工作報酬，以及加入工會的權利。

在社會生活中，沒有人能免於工作，但相較於資本家，一般的普羅大眾、勞動階級，可能面臨了更多風險，但欠缺斡旋或談判的籌碼、知識或能力。在這方面，《世界人權宣言》第二十三條規定得非常詳盡：「人人有權工作，自由選擇職業、享受公平優裕之工作條件及失業之保障。」而且「人人有同工同酬的權利，不受任何歧視」，「每個工作者，都有權享受公平充足之報酬，確保他本人及家屬擁有符合人之尊嚴的生活條件，必要時並輔以其他方式的社會保障。」此外，「人人有為維護其利益，而有組織及參加工會的權利。」

集體罷工行動與團體協約成果，由參與勞工共享[1]

二〇一六年台灣發生了兩起罷工議題，恰巧都和交通有關。高鐵工會指控高鐵公司積欠五億元的加班費，揚言在春節期間罷工。時任交通部長陳建宇對此回應，爭取加班費不能跟交通人的天職與輸運扯在一起。最終高鐵公司釋出善意先給付半數二．五億元，事件終告一段落。另一廂是華航空服員抗議公司的「責任制條款」，成功發起了航空業首次罷工。

和翹班翹課不同，和明星球員因不滿意球團合約而不參加春訓的情況也不一樣，「罷工」（又稱團體爭議權）是多數勞工集體暫時拒絕提供勞務之行為，與團結權（參加工會）及團體交涉權（集體和雇主談判）合稱「勞動三權」。罷工是指多數受僱者，為尋求改善勞動條件，或為獲取其他經濟利益等目的，而中止勞動。換句話說，就是不上班，使公司無法正常運作，迫使雇主妥協於勞工期待之交換條件。

《經濟社會文化權利國際公約》第八條規定罷工權之行使，應符合國家法律——即罷工雖為人權，但非不受限制，畢竟作為激烈的抗爭手段，若恣意以罷工作為談判籌碼，勢必對雇主與社會有所影響。早期我國對罷工之規定訂於《工會法》，二〇一五年修正之《勞資爭議處理法》則對罷工有更明確的規範：勞工行使罷工權應符合「調解已告失敗」及「工會投票通過」等兩大前提。而特定勞動者（如教師、公務員、國防人員）或特定期間（如災害防救期間）也不能罷工，否則構成非法罷工，雇主就能視為曠職。

一開始提到桃園市空服員職業工會發起的華航空服員罷工，其要求提高外站津貼，且若談判成功，非會員不得享有該津貼（即「禁搭便車」）。當時華航董事長何煖軒應允，但事後卻給未參與罷工之員工更優渥的待遇，此舉被勞動部裁決為不當勞動行為。華航不滿，主張「禁搭便車條款」違反「同工同酬原則」是非法約定而無效。

事實上，台北捷運公司工會於二〇一五年進行睽違十三年之修約，修約重點就包括增加「禁搭便車條款」。同樣在二〇一五年，宜蘭縣教育處受四十二所中小學委託與宜蘭縣教師工會進行協商，工會要求訂定團體協約，卻引來「誰來教學生」的反對聲音。再如二〇一六年十月，合庫銀行、合庫證券與企業工會簽立團體協約（自二〇〇五年民營化後第四次），此次也特地加入「禁搭便車條款」，意即未加入工會，就無法享有團體協約的條件。

勞工個人在資訊不對稱的情況下協商，可能出現不符市場價值的勞動條件，或根本不符最低生活水準，因此「團體協約」最重要的精神就在於就是透過集體談判籌碼，談出合理條件。然而，並非所有勞工都加入工會，而其不加入之事實，會削弱工會力量，讓雇主覺得沒必要協商，進而分化已入會之勞工，導致員工間不當競爭，因此產生禁搭便車之要求。

關於「禁搭便車條款」之爭議，在於同工者，僅因加入工會與否而不同酬，是否違反同工同酬原則？其實不然，因為協商後的新條件是工會會員犧牲工時、甘冒風險所得，若開放未參與罷工之員工搭便車，不僅讓他們坐享其成，甚至有歧視性待遇之虞，亦可能導致既有工會會員萌生退會念頭，打擊工會團結。

因為工作受傷生病，國家應協助康復以重返職場[2]

近年來職業災害案件頻傳，從著名的美國無線電公司ＲＣＡ工殤案（由於ＲＣＡ桃園廠生產電器時，長期挖井傾倒高致癌性有機溶劑等有毒廢料，導致廠區之土壤及地下水遭受嚴重污染）、捷運工人潛水夫症（decompression sickness）案，到勞工上下班之交通事故，大大小小的案件相繼發生——台灣各界對於職業災害問題越來越重視。

在台灣，職業傷病發生率並不比歐美日韓等國低，但職業病補償率卻相當低落，職災保險費率更遠低於其他發展程度相當的國家，顯示我國勞動制度對職災者照顧並不周全。再加上《勞工保險條例》和《職業災害勞工保護法》兩部法規對納保、預防都設有層層關卡，職災以及職業病的鑑定機制也過度僵化，讓受災勞工難以獲得應有補償。

並非人人都是雇主，身為受僱者，儘管工作與業務內容有別，但其實人人隨時都處於職災的風險中，而勞動人口又是如此龐大，應該要有一項單獨完備的社會保險制度來回應這種風險，尤其職災者大多也是發生其他身心疾病之高風險群體。不過，對一般勞工而言，職災發生時，往往因資訊不足而不知如何是好，甚至連自己受傷生病到底算不算職災都難以判斷，因此喪失了補償或補助機會，甚至因此丟了飯碗求助無門。

終於二〇二一年四月二十三日立法院三讀通過《勞工職業災害保險及保護法》，才整合了上述兩部法規中相關規定，擴大納保範圍、提升各項給付，並建置職災預防及災後重建工作，才讓職災保障體系更周全。而職業災害大致上可分為「職業傷害」與「職業疾病」兩大類型——前者是指勞工在執行業務時受到立即性的傷害（如手掌於操作機具時受傷）；後者則是因工作中暴露於化學性、物理性、生物性、人因性及其他危害因子所導致的疾病（如長期暴露在有強烈噪音的工作環境導致聽力受損）。

一般來說，職災都發生在上工時，但如果在「上下班途中」發生意外，可以算職災嗎？勞動部近年來之見解認為，通勤災害——即勞工在上下班途中發生交通或其他意外事故，而受傷、殘廢或死亡——應屬職業災害之一種，但有一個非常重要的前提，就是勞工不能有違反法令的行為，例如酒駕、超速或是闖紅燈等。

《勞工職業災害保險及保護法》立法精神在於遵循國際勞工組織一九六四年通過之《職業災害津貼公約》（Employment Injury Benefits Convention）及《身心障礙者權利公約》之規範，採取有效措施預防工殤與職業疾病，早期介入並提供跨專業領域之服務方案，為失能者提供重建服務，盡可能協助其重返職場。

在人人斜槓的年代，其實我們越來越難判斷自己何時在勞動、是否在勞動、為誰在勞動，錯綜複雜的工作場域與業務內容更讓我們難以預測風險（不論職業傷病或日常意外），而這正是社會保險制度存在的目的。透過職災防治之社會保險制度之改革：擴大強制加保、納保的範圍，促進傷病認定及預防，讓職災受害者免於陷入「傷病—失業—貧窮—傷病」之惡性循環中，並協助傷病者盡快復建。基於「預防即投資」的概念，減少工作災害與疾病，不僅可增進勞工健康，更有利於整體社會之生產力。

1 改寫自蔡孟翰，〈勞工的不合作運動——罷工權〉及龍建宇，〈不是你的，就不要拿——華航案與禁搭便車條款〉，法律白話文運動。

2 改寫自劉時宇，〈「職業災害」哩干災？〉及李柏翰，〈五一勞動節前，全民為「職災保險法」集氣〉，法律白話文運動。

思辨與討論

- 本章中，我們提到與工作有關的各種權利——如參加工會、罷工、集體談判等「勞動三權」，以及行使這些權利所獲利益，禁止未參與員工「搭便車」，你怎麼看？

  線索：法律白話文運動網站上有許多關於勞動權的文章，集結在「勞動權益」以及「工會之戰：華航罷工兩年後的瓶頸」兩個專題中，整理台灣近年來的罷工事件。

- 在台灣，高達六成五職場女性曾遭遇性別歧視，六成七也遇過與男同事「同工不同酬」，但公司也會主張薪資決定是公司的自由，請問政府該介入嗎？如何介入呢？

  線索：在先前也討論過，在許多事務上，公／私領域間之分野似乎並非不證自明，比起「法不入家門」，私法自治與契約自由，更是需要謹慎回應的重要法律原則。

第二十四章　休息和休閒的權利

我們都有放下工作，休息和放鬆的權利。

工作的權利與職業選擇的自由，應該要被保障，但也不能忘記了放鬆、休息、放假、休閒等權利。這件事，乍聽之下似乎理所當然，事實上對很多產業中的工作者而言，休息與放假幾乎成了一種奢侈，浪漫化「責任制」的職場文化，經常以「勤奮努力」美化過勞、加班、不排休的管理者——有時，壓力甚至來自家人；還有政治菁英時不時掛在口中的「相忍為發展」。然而，這其實可能已經違反人權要求了。根據《世界人權宣言》第二十四條：「人人有享受休息和閒暇的權利，包括工作時間有合理限制和定期給薪休假的權利。」

休息是為了走得更長遠：工作可貴，健康價更高[1]

二〇一六年年初資深演員孟庭麗疑似因拍戲過勞導致休克，經送醫搶救後最終仍不治。同年年中，華航空服員因責任制條款行使罷工權，超時工作的問題再次引發關注。台灣人平均一年的工作時數超過二千一百多個小時，相較於許多國家年總工作時數降低至二千小時以下，「台灣牛」性格之打拚勤勉程度在全球名列前茅。然而，過勞、超時工作、血汗也成了台灣各行各業都撕不掉的標籤。

《憲法》保障人們的工作權，但國民光有工作做可能還不夠，更應有正常合理的工作，而「休息」就是合理的工作待遇中重要之要素。《經濟社會文化權利國際公約》第七條中就有規定：國家應承認「人人有權享受公平與良好之工作條件，尤須確保休息、閒暇、工作時間之合理限制與照給薪資之定期休假，公共假日亦須給予酬勞」。

在台灣《勞動基準法》是保障勞工基本條件之規範，其中第四章規定了「工時、休息、休假」，如第三十條規定原則上勞工每日正常工時不得超過八小時，每週工時不得超過四十小時；第三十六條進一步要求，勞工每七日中應至少有一休息日，作為例假。雇主應備置勞工簽到簿或出勤卡，逐日記載勞工上班上工的情況，一天不能加班超過十二小時，一個月不能超過四十六小時，且應該給予加班費。為使雇主確實落實規定，《勞動基準法》亦定有罰則。另外，《勞動基準法》也規定勞工有請特別休假的權利，老闆不能扣他薪水。

經勞動部核定公告之工作，得由勞雇雙方另行約定工時、休例假、女性夜間工作，而不受工時規定限制，包括監督及管理人員（如經理）、責任制專業人員（如律師）、監視性工作（如保全）、間歇性工作（如司機）和其他性質特殊之工作。這項例外規定係為讓勞雇雙方有合理協商工作時間的彈性，但也等於為工時限制開了後門，甚至可以沒有加班費，也就是所謂的「責任制條款」。

由於責任制條款規避了《勞動基準法》中不少對勞工之保障，而遭受不少批評，大法官因此作成司法院釋字第七二六號解釋，要求責任制一定要依法報請當地主管機關核備，否則就算勞方在雇主要求下簽了「責任制同意書」也不算數。

在孟庭麗送醫時，台北市勞動局科長指出演藝人員不適用《勞動基準法》。換句話說，並非所有領薪水的人都適用《勞動基準法》，包括公務機關、公立學校、公立醫療院所、學術機構、私立學校教師、醫療保健服務業的醫生、職業運動員等，因為這些工作有其特殊性，而與一般勞雇關係不同。即便如此，《職業安全衛生法》第六條規定：雇主應對「輪班、夜間工作、長時間工作」等事項，妥為規畫並採取必要之安全衛生措施，以避免超時工作對勞工身心造成負面影響。

國際勞工組織於一九一九年通過的第一個公約就是《工作時數公約》（Hours of Work (Industry) Convention），之後又陸續制定一系列與工時有關的公約。近年來，許多國家也都傾向縮短工時，顯見縮短工時是時代的趨勢，而實際上工作時數長短並不與工作績效好壞成正比，不斷要求勞工相忍為經濟與產業發展，更是違反人權之期待。

家裡最陌生的熟悉人，需要休息的外籍家庭看護[2]

二〇一八年三月底，內政部公告六十五歲以上的人口已達總人口數百分之十四・〇五，表示在台灣每七人中便有一人是高齡人口。國家發展委員會推估：台灣將於二〇二六年邁入超高齡社會（super-aged society），即六十五歲以上人口占總人口數百分之二十。根據衛生福利部之預估：二〇三一年全人口失能率將快速增加至一百二十萬人，占總人口數百分之五。

另一方面，勞動部統計資料指出：二〇一八年底台灣外籍勞工人數已突破七十萬人，亦即約每三十人便有一人為外籍勞工，遠多於原住民總人口數五十六萬人，而其中社福外籍勞工人數接近二十七萬人，平均年成長率為百分之四・三六。以上數據顯示，作為亞洲高齡化速度最快的國家，台灣將不再能依賴其他地區之經驗，而必須積極尋找屬於自己未來的長照出路，而我們因此更應該正視此領域中最重要的第一線人力——外籍家庭看護工。

罹患類風濕性關節炎多年的「杏林子」劉俠女士，二〇〇三年在家中跌倒送醫後不治。彼時媒體多以「精神異常」、「精神疾病」以及「推打」、「拉扯」等語，形容當時劉俠女士之印尼籍看護的身心狀態與行徑，引發當時對於長期照顧關係之諸多討論：失能者及照顧者如何影響彼此的身心狀態，而政府不完備的政策又如何促使悲劇發生。

目前外籍家庭看護工面臨的困境在於：專業服務支援和補充訓練之不足、缺乏休假時數及喘息服務之保障、缺乏可得之社交管道與休閒場所。例如褥瘡之傷口照顧連專業醫護人員都覺得吃力，何況是外籍家庭看護工，而照顧失智症患者更是困難重重；再如法規雖保障每週休假一天的權利，但很少有看護能確實獲得完整的休息；又如許多外籍看護工的生活範圍被局限在雇主家中，與外界幾無互動，不僅影響其心理健康更連帶影響照顧品質。

目前政府確實有提供外籍家庭看護工作補充訓練。然而二〇一八年，勞動部開辦集中訓練四百八十班，無人報名，到宅訓練也僅二人申請。若外籍家庭看護工參與受訓，需繳交報名費且家中缺乏輪替之照顧人力，而「擴大外籍看護工家庭使用喘息服務」之政策也需要聘僱家庭支付額外費用，實難吸引申請動機。事實上，能夠聘請外籍家庭看護工，又能夠申請喘息服務的家庭實在相當有限。

由於語言與文化隔閡、不熟悉醫療體系，加上照顧工作本身之不可中斷性與孤立性，外籍看護工的就醫權利一向受到極大限制。唯照顧者身心健康，與失能者之再住院率與死亡率等密切相關，因此長照政策不應僅聚焦失能者本身，更應關注照顧者所需之資源與支持——保障外籍家庭看護工之身心健康，不僅關乎照顧品質，更是人權考量。若家庭看護工能被一併納入「居家醫療照護整合計畫」之訪視對象，亦有助於其取得必要醫療資源，也能增加性侵、暴力受害者的求助機會。

台灣的未來其實需要這些家裡最陌生的熟悉人，共同想像、一起實現，故衛生福利部與勞動部的鴕鳥心態應有所調整。前者著重失能者得到的照顧品質，卻未意識到看護工不只是照顧提供者，也是關鍵的照顧需求者；後者則是一直不願面對外籍家庭看護工已成為長照體系中無可取代的勞動人口，始終將之視為補充人力，而對其勞動權益實施諸多限制。

1 改寫自蔡孟翰，〈工作誠可貴，身體價更高——談超時工作的法律問題〉，法律白話文運動。

2 改寫自曾柏彰，〈最陌生的熟悉人——台灣長期照顧政策中的外籍家庭看護工〉，法律白話文運動。

思辨與討論

- 本章中，我們提到，在職場中，工作者應享有放鬆休息、放假休閒等權利，不容公司否認。那麼，幾乎不分晝夜，總是焚膏繼晷的學生們，是否可主張這項權利呢？

線索：人們或許會在職業欄填上「學生」，但學習是勞動嗎？不過休息、休閒與休憩應是所有人都享有的權利，尤其《兒童權利公約》所定義之兒童者（第三十一條）。

- 當今有很多工作是沒有老闆、沒有明確僱傭關係的，比如家教、外送員、自由業、Uber司機，他們的勞動權益也常缺乏保障。對於這個社會趨勢，你有什麼看法呢？

線索：流動的職場、不確定的工作、不穩定的收入，成為當代社會中越來越普遍的現象，法律白話文運動網站上的「科技是勞權危機或轉機」專題集結了相關評論。

第二十五章　良好生活條件的權利

我們都有權利好好過日子。母親和孩子、老人、失業的或有障礙的人，都有權利被照顧好。

人生在世是辛苦的，一來因為身為人而懂什麼是辛苦，二來因所處環境不一定有良好條件與充裕的資源，足以令我們衣食無虞、不較錙銖。然國家至少應保全我們擁有基本的生活水準，如《世界人權宣言》第二十五條所言：「人人有權享受其本人及其家屬健康與福祉所需之生活水準，包括食、衣、住、醫藥及必要之社會服務；於失業、患病、障礙、寡居、衰老或因不可抗力事故而喪失謀生能力時，有權享受社會安全保障。」又「母親與兒童有權享受特別照顧與協助。所有兒童，無論婚生或非婚生，均應享受同等的社會保護。」

安居立命不是奢侈，而遭迫遷之安置也並非恩賜[1]

華光社區位於過去台北監獄（日治時期台北刑務所）範圍內一隅。歷史上，華光居民包括日治時期遺民、公務員及其家眷、國軍、戰後中國移民、來自其他縣市的移民。國民政府來台後，台北城無法因應大量人口增加，許多公務員在自家院子或鄰近空地自力擴建，當時很多人以為這只是暫時的避難所，根本沒料到會成為一輩子的落腳處。

接手管理的法務部矯正署台北看守所認為，部分華光社區居民長期無權占用國有土地，請求拆屋還地，經台北地方法院判決確定並強制執行。數名居民於二〇一三年年間提出陳情，依《經濟社會文化權利國際公約》要求看守所提供適當的安置措施、賠償或補償因不當強制拆遷所造成的損害。台北看守所回覆，已請社會福利機構提供中繼國宅暫為安置。居民不服，提起訴願，未被受理，轉提行政訴訟，遭法院駁回，再上訴到最高行政法院。

最高行政法院二〇一五年的判決認為《經濟社會文化權利國際公約》的規定，固具有國內法效力，但是否屬於「人民可以要求國家作為」之請求權，仍應視個別條文而定。規定夠明確者，才能作為人民的請求權依據，否則不行。

根據《經濟社會文化權利國際公約》第十一條規定：「人人有權享受其本人及家屬所需之適當生活水準，包括適當之衣食住及不斷改善之生活環境。」經濟社會文化權利委員會曾提出第四及第七號一般性意見：前者認為，適當住房包括「獨處居室、適當且安全的空間、充足照明與通風、基礎設施、就業合適地點、費用合理」等特徵；後者表示，各國政府應保護所有人不受違法強迫驅離，並對違法強迫驅離採取補救措施。

法官認為上述規定僅是政策宣示，由於安置及補償都涉及資源分配，在國內缺乏明確立法前，人民不能以此為依據向法院請求救濟，因此駁回上訴。然而，最高行政法院顯然誤解了相關人權規範。經濟社會文化權利委員會第三號一般性意見就強調，針對公約權利之實踐，國家負有最低核心義務（minimum core obligation），確保每項權利皆至少符合「最低限度基本生活水準」的門檻，而這是必須立即實現的義務。

早在一九九八年，經濟社會文化權利委員會就在第九號一般性意見中提到：有人主張，涉及資源分配之事應由行政及立法部門決定，但這忽略了法院早已全面涉入與資源分配有關的各種問題。有的國內法院會預設，對經濟、社會及文化權利之侵害，不如政治權利，需要立即提供司法救濟，而將其置於法院管轄權限之外，但如此不僅武斷，更違背「兩套人權不可分割、相互依存的原則」，而嚴重削弱法院保護社會弱勢群體的能力。

城市變遷，華光居民的生命歷程與生活空間捲動共生，然而法務部在迫遷前後，是否真有依照「適足居住權」的精神，提供符合基本生活水準之安置計畫——答案恐怕是否定的，而最令人恐懼的是，法院竟成了幫凶。

不該讓「身為少數群體」成為健康不平等的原因[2]

二〇一六年六月十二日在美國佛羅里達州奧蘭多發生了同志酒吧槍擊案，震驚了世界各地的同志社群，當下兇手被擊斃使這件事成為懸案，眾人紛紛揣測犯案動機——從異性戀仇恨犯罪（hate crime）到自我認同不足導致內化恐同（internalised homophobia）。不過，究竟恐同態度與社會，乃至於個人心理健康之間有何關係呢？

「恐同」這個詞是心理學家溫伯格（George Weinberg）在一九七二年出版《社會與健康的同性戀》（*Society and the Healthy Homosexual*）書裡首次提到，但那其實不是精神醫學臨床上所認定的心理疾病，而在描述「對同性戀產生沒有理由之憎恨與恐懼」的社會現象。恐同其實沒有明確的定義，有時也被用來描述一個對同性戀者不友善的國家或組織。

大部分針對同性戀者或其他非異性戀群體的仇恨犯罪或言論，都可能被斷定為恐同的具體行動，但經常被忽略的是個人本身為性傾向或性認同（sexual identity）

所困擾，導致主觀上自我矛盾的同性情慾（ego-dystonic homosexuality），這通常可能伴隨自我否定、自信低落、不協調的親密關係等問題，因此也有許多精神科醫生把「內化恐同」視為非異性戀族群較高自殺、自傷率的主因之一。

這樣的自我否定，往往也會投射到同群體中其他人身上，因此對其他成員產生偏見，甚至訴諸暴力。不論是客觀環境上或自我主觀上的「恐同」經驗，往往都是非異性戀群體心理健康上的重大危險因子之一，而這與他們承受的少數群體壓力（minority stress）有關：實際經驗到或想像中的污名可能成為壓力源，包括制度性歧視、其他人的偏見、同儕排擠、校園或職場霸凌等。這個過程中，少數群體的成員往往會容易感受到身心疲憊且脆弱。

已有許多證據顯示，法律歧視及社會壓迫所造成的健康不平等，確實存在。不過我們不能因此倒果為因地推論「少數群體的成員容易有身心健康的問題」，而應該溯源地討論壓力的來源。每個人在日常生活中本來就都會有壓力，而一個人是否能自我調節、適應環境，往往成為評估個人心理健康的指標之一，但有些壓力不是人人都會遇到的，有的甚至是可以並應當避免的（比如少數群體壓力）。

這就是世界衛生組織二〇〇八年提出之健康的社會決定因素（social determinants of health），歷屆聯合國健康權特別報告員亦認為，要實現健康權，若未考慮社會面向之外在因素，將難以實現《世界人權宣言》中適當生活水準之權利。在異性戀與順性別占主流人口及意識形態的社會中，恐同不是個人問題，而是文化發展的歷史產物，因此國家能介入的方式絕不只有加強仇恨性犯罪之立法，處理單一施暴事件。營造以健康平等為目標之生活與政策環境，才是健康權的核心，如推動多元性別教育、加強諮商或輔導等暴力預防工作。

回到美國的槍擊案，無論是仇恨犯罪、恐怖攻擊，或自爆的內化恐同者，在罪行犯下的當下，個人責任毋庸置疑，然而行為背後的歷史共業也是人權規範企圖消解的，除了無辜罹難者的生命權，還有弱勢群體中為這起事件驚惶悲慟、成千上萬的其他成員們，他們的健康權也正備受威脅。

---

1 改寫自王鼎棫，〈華光社區的迫遷安置難道是種恩賜，而非權利？〉，法律白話文運動。

2 改寫自李柏翰，〈「恐同」不是病，恐起來要人命——談性／別少數群體的健康權〉，法律白話文運動。

思辨與討論

- 本章中，我們提到，我們和我們的家人，都應該有享有維持基本、體面之生活水平的權利，包括適當的食衣住與健康服務——你覺得台灣社會目前符合這個標準嗎？

線索：在台灣是否也能觀察到謝普勒（David Shipler）的《窮忙》（*The Working Poor: Invisible in America*）與格雷伯（David Graeber）的《狗屁工作》（*Bullshit Jobs*）這兩本書所探討的現象呢？如何定義「體面」的生活呢？

- 承上，國家有盡全力提供基本服務的義務。不過，如果今天景氣不好、經濟衰退，人民生活也苦的時候，國家能要大家「共體時艱」，減少基本服務的公共支出嗎？

線索：二〇〇九年歐債危機重創全球金融市場，歐盟執委會、歐洲央行與國際貨幣基金祭出撙節政策（austerity）。歐洲各國先砍醫療與教育支出，對人民造成深遠影響。

第二十六章　接受教育的權利

受教育是一種權利。上小學應該免費。我們應該了解如何與他人相處。家長能優先選擇我們該學的是什麼。

教育是件需要周詳規畫之事，幾乎決定了社會將如何發展。《世界人權宣言》第二十六條完整規定了：「人人都有受教育的權利，教育應當免費，至少在初級和基本階段應該如此。初級教育應屬義務性質。技術和職業教育應普遍設立。高等教育應根據成績而對一切人平等開放。」而「教育的目的在於充分發展人的個性，並加強對人權及基本自由之尊重。教育應促進各國、各種族或各宗教之間相互了解、容忍和友好，並應促進聯合國維護和平的各項活動。」但也提到了「雙親對其子女所應受之教育的種類，有優先選擇的權利。」

人人有受教的權利，而學習空間應是自由平等的[1]

校園是個特別的空間——學生相比於社會中其他成員，大多是相對自由的，但學習的場域裡，又充滿各式各樣的規定與權力關係。雖然原則上所有人皆享有相等的權利及自由，且依《憲法》第二十三條規定，國家要有法律之授權，才能限制人民的權利或自由，所謂的「法律保留原則」。不過某些具有特定特殊身分的人民為例外，例如軍人、受刑人、公務員等，對國家的權力應有高度的服從關係，這就是「特別權力關係」

換句話說，特別權力關係就是指國家基於特別之法律理由，在一定的範圍內對特定人擁有概括的指揮、命令之權力，以便於管理，而不受法律保留原則的限制。可見在特別權力關係之中，國家與個人之間的地位並不對等，義務內容不確定、有懲戒有處罰，甚至不能透過訴訟主張權利。那麼，學生與學校之間呢？

過往，學生與學校之間亦被認為是特別權力關係，因此許多基本權保障、法律保留原則及法院訴訟救濟等原則，在校園裡並不適用，學生應該遵守校規，對於學校的處分也沒有抗議的空間。一九九五年大法官透過司法院釋字第三八二號，突破了特別權力關係的緊箍咒——若學校處分涉及學生身分改變時（如退學），學生可以透過行政救濟途徑，以訴訟權保障自己受教育的權利；不過若學校沒有剝奪學生身分，學生還是不能對學校表達意見。

再經過十餘載，二〇一一年大法官再做出釋字第六八四號解釋，進一步解除對學生的限制，公私立大學對學生所為之處分，若侵害學生的受教育權或其他基本權利，即便不是退學，學生仍可依《憲法》第十六條的規定提起訴訟救濟。因此，學校對學生的受教權、學習權、思想自由、言論自由、集會結社自由、平等權、身體自主及人格發展權等，都應該盡力維護，比如選課、使用設備，甚至張貼海報表達政治立場，學校應給予高度尊重。

那高中以下的學生呢？大學生和中小學生雖然都是學生，但高中以下的學生受的是國民教育，因此上課是《憲法》第二十一條保障的受教權。相較下，大學教育並非國民教育，因此上課是《憲法》第二十二條的「其他權利」。此外，大學又享有學術自由並受《大學法》所保障，因此大學生也擁有較多的自由。不過，既然所有人都是憲法基本權的主體，怎能僅因學生身分差異而有所折扣，即便在現代法律的定義下，中小學生的人格發展尚未完全，但並不該因此否定他們的基本自由與尋求救濟的權利。

原本《高級中等教育法》及《國民教育法》中雖肯定高中生與國中小學生的「校內申訴權」，以提升校園中的法治精神，但仍遠不及「訴訟救濟權」。二〇一九年大法官再做出司法院釋字第七八四號，承認各級學校之學生受公權力侵害時，應擁有完整的救濟權，並要求修改法規不足之處。

因此《高級中等教育法》後來隨之修訂，自二〇二二年五月十一日開始，高中生也能針對學校的行政處分提起行政訴訟。《國民教育法》修法亦指日可待，唯考慮到國中小學生之發展狀態與校園環境，建構相關機制時應該更加友善兒童，以符合《兒童權利公約》的精神，使學生們的權利受到妥善保護。

教育關鍵之處，在於社會希望培養出怎樣的公民[2]

二〇一八年十一月二十四日第十一案「反對同志教育」公投獲得多數同意票通過。二〇一九年上半年各地議會都發生民意代表因堅持性平教育而遭到威脅、提告。因應公投結果，教育部於二〇一九年四月修正《性別平等教育法施行細則》第十三條規定，刪去「同志教育」一詞，將條文改為性平教育「應涵蓋情感教育、性教育、認識及尊重不同性別、性別特徵、性別特質、性別認同、性傾向教育，及性侵害、性騷擾、性霸凌防治教育等課程」。

關於「同志教育」的爭議非台灣特有。根據英國二〇一七年的《兒童及社會工作法》，自二〇二〇年九月起小學須在初級教育階段提供關係教育（relationship education），包括同志關係。二〇一九年年初伯明罕的一群穆斯林家長發起請願，認為那些教育內容與他們的伊斯蘭信仰產生矛盾，進而主張宗教自由受侵害。這件事在媒體和國會引發了極大爭議。

事實上英格蘭《教育法》中有規定「小學教育，依其家長意願」，而英國《人權法案》第九條也將思想、良知、教育自由等權利包裹在一起。《歐洲人權公約第一議定書》第二條更規定：沒有人的受教權能被拒絕，而在實施教育功能時，國家應尊重家長，以確保教育內容符合家長的宗教與哲學信仰。

一九七六年歐洲人權法院在關於性教育之克德森等人訴丹麥案（Kjeldsen et al. v Denmark）提到：國家在實現教育功能時，必須考慮課綱及課程中的資訊和知識，是透過客觀、具批判性且尊重多元的方式傳達。《歐洲人權公約》也禁止國家引進可能會被認為不尊重家長宗教及哲學信仰的教導內容。這是絕對不能越過的限制。

後來在二〇〇八年的佛格洛訴挪威案（Folgero v Norway），歐洲人權法院認為不讓學生「擁有不參加偏向基督教宗教課程的選擇」，違反所謂「客觀且多元的教育方式」。國家具有尊重家長的積極義務，包括在主流與弱勢群體的權益間取得平衡——盡量促進理解、減少衝突，但尊重家長是為了多元化教育內容，而非獨尊特定觀點。

英國教育部基於《二〇一〇年平等法案》針對情感關係教育所擬定之教學指

引，課程應確保「所有學生了解平等與尊重的重要性」，教學方法及內容須「適合各級學齡兒童」。儘管學校能自由選擇如何教導，但不包括「不教」，而且同志教育應整合進所有相關課程，而「不能被單獨挑出來處理」。為落實此義務，老師應與家長保持良好溝通，確保家長知悉教什麼、如何教、何時教。

可見在受教權的脈絡中，家長之介入權是肯定的，但真正的爭議在於介入的程度與後果，而國家負有確保客觀性及多元性的義務。回到伯明罕抗議事件，問題在於同志情感教育是否學齡適當，且為促進社會包容所必要。聯合國教育權特別報告員在二〇一〇年的報告更提到，多元的性教育才能有效對抗校園霸凌，而且應讓家長參與訂定與執行性教育的過程，以降低家庭成員的偏見。

同志教育論戰當然不只是法律問題，更關乎公民社會如何共同想像未來。就法律而言，這表徵一個國家到底多重視「不歧視」這件事。對未來的公民來說，什麼能討論、什麼是禁忌，則能看出整個社會願意建立怎樣的共同體，願意接納多少過去被刪除的邊緣人。

1 改寫自蔡孟翰，〈校園裡的翹翹板——學校與學生間的「特別權力關係」〉，法律白話文運動。

2 改寫自李柏翰，〈家長有權對「同志教育」說不嗎？從英國「伯明罕抗議事件」，反思台灣現況〉及〈都是為你好！——受教權中的兒童最佳利益〉，法律白話文運動。

思辨與討論

- 本章中，我們提到，人人都應該有接受教育的權利，尤其是基本教育與職業訓練等面向。若我們考慮兒童的意見自由，你覺得學生有權利參與課綱、教材之設計嗎？

線索：二〇一五年五月二十四日全台部分高中生發起「反高中課綱微調運動」，是一場反對歷史課綱變更的政治性運動，可參考法律白話文運動網站上之「課綱微調」專題。

- 人權法中，關於受教權這件事，普遍都承認應確保家長的意見與選擇自由。討論一下，為什麼這件事會被認為是如此重要的事，甚至需要被寫在人權保障的規定中？

線索：教育部發行的《性別平等教育季刊》，許多期都有討論到親子關係、教育現場家長協作等議題，親師生之間的良好溝通，是促進性別平等教育重要關鍵因素。

第二十七章　著作權

著作權是用特別的法律，來保護個人的藝術與文學創作；其他人如果沒有得到同意，不可以複製。我們都有權利以自己的方式生活，並享受藝術及科學所帶來的好處。

文化面向的權利是一個經常被忽略的人權組，然而文化、精神與智慧創作是人類生活中不可或缺之必要組成成分，若任由其被割捨或忽視，我們的社會就會像味噌湯少了豆腐，將不再完整，而彷彿少了一味。《世界人權宣言》第二十七條就提到：「人人有權自由參加群體中的文化生活，享受藝術，並分享科學進步及其產生的福利。」而若身為發明者、研究者、文化傳承者，或甚至是創作者，「人人對其本人之任何科學、文學或藝術作品所獲得之精神與物質利益，享有被保護的權利。」國家應盡力鼓勵創意被實現及文化保存工作。

不合理的約定不該導致無法表演自己的詞曲創作[1]

藝人吳青峰遭前經紀人林暐哲提告違反《著作權法》求償八百萬元，一審智慧財產及商業法院認為雙方合約已在二〇一八年底終止，判林暐哲敗訴；全案上訴二審改求償五百萬元，又遭駁回。看到這邊，一般人若無相關產業經驗，可能好奇這些合約的內容到底在幹嘛？為什麼明明只想好好唱歌當藝人，需要簽這麼多不同的合約呢？

在音樂產業中，安排演藝工作（如演出、受訪）就要用「演藝經紀合約」約定彼此關係。製作與發行唱片的過程中，因為需要為藝人的人物設定作市場調查、把關作品品質、安排詞曲收歌等動作，就需要專案性質的「唱片製作合約」。如果藝人本身會創作，則需將其創作之詞曲授權給唱片公司版權部門管理，就屬於「音樂著作專屬授權合約」的範疇了。廠牌底下專屬之製作人、編曲等工作約，性質上可能會是僱傭或委任的關係。

經紀公司為了方便管理藝人的作品，且往往拍攝音樂影像（視聽著作）跟錄製唱片（錄音著作）的費用都是經紀公司出的，所以在「演藝經紀合約」的內容中，經常會看見公司約定：合約期間所產出的智慧「財產權」全部都歸公司，或由公司指定「著作財產權人」。因此，某些藝人與經紀公司解約後，公司卻仍然能夠繼續出版專輯精選輯，或使用不同封面版本之專輯，讓歌迷掏錢以回收成本。

在詞曲合約的「音樂著作專屬授權合約」中，因創作人的著作權意識逐漸抬頭，過去一首歌完成後被一口價買斷的情況已少見，創作人把權利握在自己手上，再授權給他人管理。唱片公司版權部門為因應此趨勢，便會要求著作權人將詞曲所有相關權利一整包「專屬授權」給唱片公司——依《著作權法》，在專屬授權範圍內，授權人不能再行使權利。

簡單來說就是「你的孩子不是你的孩子！」歌手不能唱自己寫的歌，而若在合約中沒有清楚約定解約條件，就容易讓藝人有長期被冷凍、無法進行演藝活動的無奈。專屬授權合約跟經紀合約、製作合約都不一樣，法院認為若「專屬授權」給他人使用，卻又動不動就可撤回來，會使交易安全不穩定。所以除非合約一開始約定隨時可以分開，或除非其中一方嚴重違約，否則需經另一方同意，才能夠安全下庄。所以青峰案件最主要爭執的點，就在於雙方到底有沒有在會議、通訊軟體中達成終止合約的共識。

合約中，很多條款看似明確，但實際上卻根本是不合理的條件。如二〇二〇年福茂唱片告韋禮安的案件中，合約規定韋禮安必須在合約期間，完成可供發行之一定數量的歌曲，否則合約就會自動延長。然而，歌曲是否可以發行，取決於唱片公司。當進入「球證、旁證、主辦、協辦都我的人」的情況，藝人該如何與公司抗衡？這份合約形同無限期延長，因此這條款也被地方法院認定顯失公平而無效。

事實上，這些新聞都在在顯示音樂製作與表演產業已高度資本化、分工化，著作權早已超越了原本人權規範所想保障之創作人的心血，而身在這波浪潮中的創作歌手，應多有體悟「演唱自己的作品不只是圓夢而已」，簽約前還是得三思而後行。

突破著作權的個人主義，原住民的集體智慧創作[2]

二〇一八年八月一日「原住民族日」理應是個慶祝原住民正名、提倡原住民族文化主體性的日子，卻發生了一個插曲。當天，在原住民族委員會主辦的「南島民族論壇」上，原民會原住民族文化發展中心的舞團，在未告知阿美族奇美部落，也未取得同意的情況下，表演了奇美部落的Pawali祭歌（外界常稱為「勇士舞」）和Kahahayan送靈祭歌。另外，不屬於奇美部落年齡階級第二階層（Ciopihay）的舞者們，還身穿Ciopihay的服飾進行表演。

事件爭議在於Pawali歌舞、Kahahayan送靈祭歌及Ciopihay的階級服飾，都已在二〇一八年四月由奇美部落依《原住民族傳統智慧創作保護條例》提出申請，通過審查，並取得專用權證書。部落取得「專用權」後，會受到永久保護，而專用權的內容包括智慧創作的財產權與人格權——財產權部分，若部落外的人想要使用、表演奇美部落獲得專用權之歌舞和服飾，須先取得部落授權。人格權部分，部落擁有顯示自己為專用權人的權利，也有權禁止其他人歪曲、割裂或竄改其智慧創作之內容、形式或名目，以免損害部落名譽。

原民會未取得部落授權，就使用部落專用的服裝與歌舞，唱跳時機、人員和動作也觸犯了文化禁忌，在在都違反了原民會自己審查核可之「原住民族智慧創作說明書」，已明顯侵害了讓奇美部落之文化使用符合當地脈絡及規則，排除外人任意使用等權利。不過原民會不承認侵權，反而主張在國際場合進行文化交流，符合公益又沒營利，所以是合理使用。但恣意誤用的行為對部落文化極具破壞力，並不會因為未營利就可以主張「合理」。奇美部落族人憤而提告，成為《原住民族傳統智慧創作保護條例》通過後第一起侵權官司。

《原住民族傳統智慧創作保護條例》其實與《著作權法》不同。依《著作權法》，創作一完成就自動產生著作權；但要獲得「原住民族傳統智慧創作」專用權，部落須申請登記核准。這些法律程序，造成部落申請時需投入大量時間人力成本。立法者當初認為，如果原住民族文化經由原民會實質審查，公開後，外界會有較詳細的資訊，包括專用權的範圍及使用禁忌為何，以避免在不明所以的情況下侵權。因此，實難想像主管原住民族事務的原民會，不諳法規與說明書要求。

《原住民族傳統智慧創作保護條例》跟《著作權法》中的「合理使用」例外條款意義也不同。《著作權法》從第四十四至六十三條列舉很多可以主張合理使用的情形，主要是為了調和著作權人個人私益和社會的公共利益。然而《原住民族傳統智慧創作保護條例》刻意只留下三種合理使用的條件，包括：（一）供個人或家庭為非營利之目的使用；（二）為報導、評論、教育或研究之必要使用；以及（三）為其他正當之目的，以合理方法使用。

這些無法與著作權直接類比的差異，都凸顯了《原住民族傳統智慧創作保護條例》這部獨步全球的新興法律規範，其目的是為了要矯正過去原住民族文化元素永遠都可以不經告知而隨意被外人取用、永遠為「公益」服務等情況。立法者就是本於《原住民族基本法》保障原住民族多元文化的精神，衡平如此不合理且不對等的權力關係。

---

1 改寫自吳沛恆，〈歌手不能唱自己的歌？談林暐哲訴吳青峰案的合約問題〉，法律白話文運動。

2 改寫自洪淳琦，〈台灣第一起傳統智慧創作侵權事件——奇美部落提告原民會〉，法律白話文運動。

思辨與討論

- 本章中，我們提到著作權的重要性，要求國家立法保護個人的創作。若要使用他人著作，通常需要授權，但若是合理使用，則不構成侵害，怎樣會算是「合理」呢？

線索：關於著作權合理使用之辯論，學界與法院大致上已有定論，不過「典藏藝術家庭」出版了一系列《當文創遇上法律》的書籍，觸及了一些新浮現的法律難題。

- 關於智慧財產權之保護，有一個長久以來的爭議：給予創作人與發明人鼓勵、動機及誘因，但另一方面，可能限制資訊、作品和知識流通。你認為應該如何平衡呢？

線索：勞斯迪亞（Kal Raustiala）和斯布里格曼（Christopher Sprigman）合著的《抄襲經濟學》（*The Knockoff Economy: How Imitation Sparks Innovation*）一書中分享許多實際案例，討論用法律保護智慧財產權的糾結與極限。

第二十八章　生活在一個在乎人權的世界的權利

好的秩序必須要存在，我們才能夠在自己的國家和全世界各地享受權利及自由。

國際人權法中包含那麼多種「專屬人的權利」，其超越一般法律所賦予的權利，而且也不容國家主權任意且無理之侵害。唯要真正落實這些人權保障，並真正使各國政府、國際社會以及社會中的其他人尊重、保護並滿足我們對這些保障的期待，《世界人權宣言》第二十八條就規定了：「人人有權享受本宣言所載權利與自由可得全部實現之社會及國際秩序。」若希望我們生活的環境，係基於保全人格尊嚴、促進族群正義的目標設計而來，那我們就需要先建構出在乎人權精神的法律秩序與社會氛圍，相關規定才會被認真看待。

人權保障不僅僅靠規範，更有賴健全的監督機制[1]

歷經二十餘載，立法院終於在二〇一九年十二月十日三讀通過《監察院國家人權委員會組織法》，極具象徵意義，因為當年不僅僅是台灣通過兩公約施行法十週年，當天也是國際人權日（Human Rights Day）。為什麼需要國家人權委員會——規範之存在是為了建立某種秩序，但是光有規範本身是不夠的，還需要監督機制檢視受規範的對象是否確實遵守。

事實上，人權公約過去並未要求各國設置人權機構。一九九三年聯合國大會通過了《關於促進並保護人權的國家機構之原則》（Principles Relating to the Status and Function of National Institutions for Protection and Promotion of Human Rights），簡稱「巴黎原則」，嘗試以國際組織的高度，提供一套國家人權機構的設計圖。二〇〇六年聯合國大會通過的《身心障礙者權利公約》，則是第一份要求國家在設置監督獨立機關的國際人權公約。

設置國家人權機構最基本的原則就是確保其獨立性。人權規範的目的在於限制國家行為，國家設置一個來監督自己的機關，如果該機關缺乏獨立性，這樣的監督機關就成了裝飾，故國家人權機構的成員選任程序必須明確且具有多元代表性、有任期保障及充足的經費，不受政治外力干擾，行使職權時也不需經過上級機關指示。

早在二〇〇九年立法院通過兩公約施行法前，時任總統陳水扁總統提出了「人權立國」，於二〇〇〇年依《中央行政機關組織基準法》之規定設立了任務編組的「總統府人權諮詢小組」，主要任務包括推動國際人權規範國內法化、研議並檢討國內人權政策、推動參與國際人權活動、推廣人權教育，以及催生「國家人權委員會」。此任務編組於二〇〇四年再擴編為「總統府人權諮詢委員會」，並由副總統擔任召集人，作為國家人權委員會設立前最高的人權政策諮詢機構。

從《監察院國家人權委員會組織法》的名稱來看，顯而易見國家人權委員會目前設置在監察院底下，由監察委員組成，職掌包括處理與調查涉及酷刑、侵害人權或各種形式歧視案件、對政府機關提出建議、協助推動重要國際人權文書國內法化、撰寫人權專案報告或年度國家人權狀況報告、協助政府機關提出國家人權報告、監督推動人權教育、促進國內外人權之交流與合作等。

設在監察院底下的原因無非出於行政機關有所謂「行政一體」原則，下級機關必須接受上級機關的指揮監督，因此人權委員會不能設立於行政院底下，否則難以確保獨立性。又國家人權委員會必須超脫政黨，以及人權概念的「抗多數性」，以捍衛非主流群體的尊嚴與意見，因此不適合設在立法院之下。監察院屬於我國最高的監察機關，可監督行政權及公務人員失職，較適合國家人權委員會的性質。

不過，將國家人權委員會置於監察院之下，仍與「巴黎原則」有所落差。監察院主要職責是依據現行法律，對公務員失職或違法情事予以糾舉或彈劾，但是人權所涉及的範圍與事項更廣，包括公共政策及法律的設計，不單單是公務員或行政官員的行為。國內不少人權倡議者認為當今的國家人權委員會並非完美，但即便如此，其設置在國內人權發展上終究具有里程碑的意義，讓國內有常設的人權機制得以守護人權價值。

良善的全球秩序，取決於良善的國內與國際環境[2]

現代人權法制化可說是伴隨二戰之後的聯合國秩序建立而生，在數十年間迅速發展，雖然不能過度樂觀地說這套價值已經成為普遍有拘束力的規範，但它確實透過國家間建立的各個機構和程序，透過解釋把對大眾而言相當抽象的權利意識與規則具體化、建立各種監督機制，並一步步用不同的措施去促進各國遵循人權規則。

人權面向相當廣——公民政治權利、少數族群與原住民族的權利、兒童權利、經濟社會文化權利、性別平等、障礙者的權利，反歧視、反酷刑、反種族滅絕等。各面向通常有各自專責的機構、程序和規定，讓有意願提升相關人權的國家有討論平台。不過實際上的發展可能有限，一方面多數的人權規定沒牙齒（沒有執法機關），另一方面顯著的進展似乎限於特定國家。

有實證研究發現，簽署特定公約的確能提升一國國內該領域之相關人權標準，但由於研究方法限制，難以處理無法量化的人權指標（human rights indicators）。因此，有的國家只加強可量化的部分，除了較容易呈現進步面貌外，也不用砸預算去處理那些難以被統計數據呈現的人權爭議。也有其他研究發現，遵循人權規範程度與民主自由指標成正相關，而專制極權國家要嘛是批准了不遵守，不然就是毫無意願加入。除非能得到具體的外部鼓勵或獎賞，對極權國家而言，提升國內人權標準等於放鬆了社會控制，因此相當保留。

不過到底國家為什麼會遵守人權規範呢？除了前述的策略性利益（外交與內政面向），有論者認為，國家跟人一樣，會守法是因為意識到規範具有正當性，且規則公平，因此願意改變；因此有人主張，要讓國家願意做出改變，需要統治階級發自內心相信這些規則很重要；又國家就跟個人一樣，面對同儕與社會壓力，即便情感上、主觀上不認為該規則很重要，但可能為了適應大家，主動讓自己「看起來」跟大家一樣，避免被當成異類。

比較能確定的是促進人權的兩個關鍵角色：民主與公民行動。民主化徹底且自由指數高的國家，不只傾向批准各項人權公約，也積極履行條約義務，讓國內法律貼近公約追求的價值。把批准人權公約當作賺取聲譽的工具，則常見於民主深化不足或威權體制的國家。而推動各國人權實踐的重要力量，亦須歸功國內的人民和團體。

各項人權公約雖都有標準化的監督和報告機制，不過說到底，公約能提供的也只是各國公民在推動人權倡議、社會運動時的論述素材與策略，因此這兩個面向顯然是相互連結的：提升人權得靠人民，而人民推動的社會運動，也得要這個國家夠自由、夠民主，才可能發揮足夠的效用。說穿了，沒幾個威權國家會讓人民上街頭、會乖乖聽人民的訴求，鬆綁自己手上的權力，只為了讓人民過更有尊嚴的生活。

像台灣這種轉型中民主，人民盡可能向政府施壓，要求國內法化更多人權公約，就國際經驗而言，既能有效拉抬內部的人權表現，也能提供人權行動者更理直氣壯的規範依據。若你自認是人權工作者，請驕傲地肯定自己——就各方研究來看，提升國內人權環境，除了你們之外，還真沒有太多人能扮演更有力的角色了。

---

1 改寫自蔡孟翰，〈國家人權委員會誕生了！〉，法律白話文運動。

2 改寫自顏聚享，〈到底是誰在促進人權？——國際人權公約所面對的現實和挑戰〉，法律白話文運動。

思辨與討論

- 本章中，我們提到，人權能否受到妥適保障取決於良好的社會及國際秩序。台灣已國內法化的人權公約相關國家報告與審查意見，有哪些議題是你特別感興趣的嗎？

線索：可以參考非政府組織「人權公約施行監督聯盟」，其持續參與各項人權公約國家報告之監督，尤其兩公約，而性別方面可參考「婦女權益促進發展基金會」。

- 注重人權保障的社會秩序，除了立法與政策外，建立人權文化、深化民主法治的精神，向下扎根人權教育也十分重要。學校裡，你覺得人權應該怎麼教更有效果呢？

線索：以麥田出版的「向下扎根！德國教育的公民思辨課」及大家出版的「法國高中生哲學讀本」等叢書為例，可以一起構思適合台灣的公民教育應該長什麼樣子。

第二十九章　責任

我們對其他人是有責任的，而且我們應當保護他們的權利及自由。

人並非孤立而生的，故《世界人權宣言》第二十九條提到：「人人對社會負有義務，因為只有在社會中他的人格才可能得到自由且充分的發展。」而「人人於行使其權利及自由時，應僅受法律所定之限制，且此種限制之唯一目的應在於確認並尊重他人之權利與自由，並符合民主社會中道德、公共秩序及一般福祉所需之公正條件。」除此之外，「此等權利與自由之行使，無論在任何情形下，均不得違反聯合國之宗旨及原則。」要讓國家與整體社會在乎人權這件事，我們身為國家的主人、社會的一分子，理所當然負有相當的責任。

人權只受法律允許之限制，而該法律須是正義的[1]

所有人對其他人的權利與自由，都是有責任的，尤其是國家，這點毋庸置疑。而當國家失能或暴走時，我們亦有責任挺身而出。

二〇〇四年賈巴里（Hadji Hamid Japalali）夫妻二人在家中睡覺時，遭屋外菲律賓軍方用步槍持續掃射十分鐘。先生當場被擊斃，妻子也在送醫不久後死亡。國內訴訟過程中，被告八名士兵辯稱是軍方接獲消息，稱賈巴里先生是摩洛民族解放陣線（菲國南方分離主義團體其中一個派系）的活躍成員，而他們依據上級命令前往進行逮捕，並受命在必要時交戰。

二〇一三年，菲律賓法院宣布所有被告無罪。依《菲律賓刑法》第十一條規定：「任何人為服從上級，出於某種合法目的所下達之命令而行事的」，不用承擔任何刑事責任。法院指出該案中，被告是在服從上級出於某種合法目的所下達之命令，且被告久經沙場，因此很可能確實在開槍前遭到槍擊威脅。

由於菲律賓《憲法》禁止一罪二審，受害者家屬認為不可能再根據菲律賓法律對無罪判決提起上訴，因此向聯合國人權委員會申訴。申訴中，受害者家屬聲稱死者根據《公民與政治權利國際公約》第六條所享有之生命權，受到國家侵害，而即便是上級下達的命令，也不得作為嚴重侵犯人權的理由。

對於申訴人之控訴，菲律賓政府指出，在軍方包圍賈巴里住宅時，一名軍官看見屋內有一名男子用槍指著他，並且隨後從屋內開槍。由於士兵被要求保持警惕並在必要時與敵方交戰，於是進行還擊，而這導致賈巴里夫妻二人死亡。同時，菲律賓政府還指出，賈巴里是南方分離主義團體的成員，此次軍事打擊行動既非任意，亦非非法行動。

二〇一九年三月人權委員會針對「賈巴里訴菲律賓案」（Japalali v The Philippines）中做出裁決。委員會先回顧了關於生命權之第三十六號一般性意見，指出：「生命權」是一項不得減損之最高權利，即使在武裝衝突和其他威脅國家存亡的公共緊急情況下，亦是如此。而《公民與政治權利國際公約》第六條規定更寫到：「人人皆有天賦之生存權。此種權利應受法律保障。任何人之生命不得遭恣意剝奪。」

通常來說，這裡的「恣意」是指不符合法律規定，但就算合法，仍可能恣意剝奪生命，比如手段不適當、缺乏可預見性、不符合比例原則及不正當的法律程序。也就是說，為了執法目的，使用可能致命的武力是一種極端措施，應僅限於「絕對必要」情況下才可採用，以保護生命（如正當防衛）或防止迫在眉睫之威脅造成嚴重傷害（如緊急避難）。此外，當威脅消除後，國家仍有積極保護受害者生命的義務（如搶救罪犯）。委員會因此認定，菲律賓軍方恣意侵害了賈巴里兩夫妻的生命權。

事實上，東南亞大部分國家都早已接受了《公民與政治權利國際公約》中之規定，包括《香港基本法》和台灣的「兩公約施行法」。儘管警察必須執法，但沒有使用致命性武力恣意壓制人民的權利，甚至剝奪生存自由的權力，更何況所執之「法」亦可能是惡法——而當獨裁迫害成為事實，革命就可能是眾人之義務。

你的身體你做主，國家能做的就是支持你的決定[2]

衛生福利部國民健康署不斷推遲《優生保健法》修法，連續幾年都傳出欲更名為《生育保健法》，以消除「優生」一詞所隱含對身心障礙或遺傳性疾病之歧視。此外，修法提案也預計把《優生保健法》中原本有關「已婚婦女接受人工流產手術，須經配偶同意」規定，改為不需要配偶同意就可以接受手術。後者引發軒然大波，許多長期以來掌握絕大多數決定權與社會紅利的準爸爸、丈夫、男朋友們感到憤怒，覺得自己「不被尊重」。

提到生育（或墮胎）之健康與權利，就不得不提及世界上第一份關於女性權利的《消除對婦女一切形式歧視公約》，其締約國數量，比著名的人權兩公約還多。公約第二條就明確要求國家必須制定法律，修改或廢除對婦女構成歧視之現行法律、規章、習俗和慣例。而這正是國民健康署一直被公民團體、婦權組織和國際審查委員會點名，而須慎重考慮修法的原因，因為台灣已透過《消除對婦女一切形式歧視公約施行法》國內法化了相關規定。

《消除對婦女一切形式歧視公約》對於「生育權」與「生育健康權」的規定散見在不同條文中，強調所有女人可以自由且負責地決定什麼時候要生小孩、要生幾個、隔多久生，並且能夠取得相關資訊以及實施這些決定的方法。此外，也有權獲得最高標準之性健康與生育健康的照護。同時，關於生育的決定，必須是在沒有歧視及脅迫的狀況下為之。

消除對婦女歧視委員會第二十一號一般性建議則表示：因為女人是懷胎、哺乳的那個人，也常是子女主要照顧者，懷孕生產會直接影響到她的受教機會、職涯發展。子女人數及生育間隔，同樣會直接影響女人的身心健康及人生規畫，而其健康狀態，更會連帶影響子女的身心健康。因此，是否生養子女，最好是與配偶、伴侶協商共同決定，但絕對不應該受到配偶、家長、伴侶或政府的限制。

「畢竟沒有人能幫他過他的人生」，受懷孕與生產直接影響的人才有生養的最終決定權。消除對婦女歧視委員會第三十六號一般性建議更提到，國家有義務提供女人所需關於計畫生育之所有資訊與服務，不只是懷孕生產、產後與新生兒照護，也包括避孕、墮胎、墮胎後的照護，以及廣泛的性教育，因為知識不足對一個人生育決定與健康權傷害極大。

墮胎在某些國家仍屬違法，或僅有在遭到強暴或亂倫懷孕時才被允許墮胎；有的國家更嚴格，只有在危急婦女生命時才允許墮胎。這些規定都將女人身體視為承載另一個生命的容器，而那個被承載生命之重要性，遠高於生理上孕育胎兒，本身亦是生命的載體，從而客體化女人的人格與身體。根據消除對婦女歧視委員會第二十四號一般性建議，妨礙婦女獲得適當照護之制度與社會障礙，都該被消除，前者如墮胎除罪化，而後者包括透過性別平等教育消弭把女人視為「生孩子機器」之觀念。

原本《優生保健法》中把人工流產決定權放在配偶手上，隱含了家父長式的監管技術，不信任女人本身有能力做出正確的決定，所以要配偶代行最終之裁量，而這正是出於性別不平等的意識形態。修法則僅是促進生育正義（reproductive justice）的第一步而已。

1 改寫自黃哲融，〈警察服從上級命令執法，為何還得被「公審」？從「Japalali訴菲律賓案」談起〉，法律白話文運動。

2 改寫自張馥薇，〈為何墮胎決定權該還給太太？——CEDAW教我們的女性自主〉，法律白話文運動。

思辨與討論

- 本章中，我們提到，一個社會要確實彰顯人權精神，需要每個人也願意承擔相關責任，以此待人處事。身為公民，你認為，我們對其他人可能具有什麼人權責任呢？

線索：人不僅是獨立個體，也是社會中的行動者，女性主義提出的「關懷倫理學」（ethics of care）值得討論，參考楊（Iris Marion Young）的《正義與差異政治》（*Justice and the Politics of Difference*）。

- 關於人權保障，國家是直接的「義務」承擔者，而其他人（比如企業、社團組織、其他公民等）則是相關的「責任」承擔者。義務跟責任這兩個概念，差別是什麼？

線索：這題很法理學也很倫理學，先推薦哈特（H.L.A. Hart）的《法律的概念》（*The Concept of Law*）及納思邦（Martha Nussbaum）的《憤怒與寬恕：重思正義與法律背後的情感價值》（*Anger And Forgiveness: Resentment, Generosity, Justice*）。

第三十章　沒有人可以剝奪你的人權

人權宣言是最低標準。不應該用保障某一人權當作藉口，合理化對其他人權的侵害。

儘管人權法要求的僅是保護人民最低度的標準，但也不是所有國家都願意做或做得到，可能因為對人權概念的不了解，可能出於統治者自視甚高的慣性。即便如此，人權法仍然讓身為公民的我們，有辦法對其侵害或漠然進行規範及約束，那就是透過法律中具體的要求——包括國內法與國際法，時時刻刻提醒國家（無論誰在位）其應盡之義務。因此，《世界人權宣言》最後一條第三十條再次提醒了：「本宣言中任何條文，不得解釋為默許任何國家、團體或個人有權進行任何旨在破壞本宣言所載之任何權利及自由的活動或行為。」

即便犯了錯，也應該受到人道且保有尊嚴的懲罰[1]

林克穎，英國籍在台商人，二〇一〇年酒駕撞死送報生，法院以公共危險罪及過失致死罪，判處有期徒刑四年定讞。二〇一二年林克穎在發監執刑前，持友人護照潛逃回到英國，引起嘩然。我國法務部積極向英國詢求司法互助，二〇一三年林克穎遭警方逮捕，經蘇格蘭法院裁定羈押；同年，在經過我國與英國政府協商後，雙方簽署「關於引渡林克穎了解備忘錄」，作為未來引渡林克穎回台服刑的法律依據。

二〇一五年六月蘇格蘭法院同意將林克穎引渡回台灣，林克穎上訴。英國二〇〇三年的《引渡法案》第八十七條規定：法官應考量引渡是否符合《歐洲人權公約》的規定，若認定引渡不符公約保障之權利，應該免除引渡。林克穎指出，台灣監獄超收而擁擠，獄政人員與受刑人的比例過低，再加上傳有性侵害、暴力、自殺、醫療資源不充足等情形，因此台灣監獄不符合《歐洲人權公約》第三條的規定：任何人不得遭受酷刑、非人道或侮辱之懲罰。

後來，法院多數意見認為，台灣的監獄環境有違反《歐洲人權公約》第三條的實質風險，縱使台灣當局承諾將特別提供林克穎符合公約規定之監禁環境，但本身超收及人力不足仍是無法改善的問題。若為了林的安全而將他局限在牢房裡，他也將喪失在監獄工作並爭取假釋、運動的機會；若允許他離開牢房，又可能面臨安全的問題。再者，台灣監獄醫療設備不足並缺少監獄運作之監督系統，也是大問題。因此，法院拒絕引渡林克穎回台。

引渡（extradition）是指一國請求他國將境內被告或人犯移送給請求國進行審判或執刑。國家間有時會簽訂引渡條約，作為兩國間引渡之依據。在某些情況中，基於人權考量，被請求國會拒絕引渡要求——如政治犯及難民不引渡，或若引渡後可能會遭受不人道待遇，甚至死刑處罰，就不能引渡，否則被請求國也會成為侵害人權國。

英國裁判結果經媒體揭露後，招致不少國人反彈，不少言論認為英國看台灣人好欺負。英國法院並未否認林克穎應遭到處罰，但質疑台灣無法適當處罰，這也是為什麼英國一開始並不打算以更常見的「本國國民不引渡」為理由拒絕引渡。不過林克穎案其實並非我國獄政首次遭受質疑的事件。二〇一五年二月高雄大寮監獄六名重刑犯挾持典獄長為人質，提出五點聲明，包括保外就醫、假釋、獄政、修改三振法案等。

我國雖不用遵守《歐洲人權公約》，但《公民與政治權利國際公約》第十條第一項規定：自由被剝奪之人，應受合於人道並尊重其尊嚴之處遇。第三項再規定：監獄制度所定監犯之處遇，應以使其悛悔自新，重適社會生活為基本目的。人權委員會第二十一號一般性意見則指出，監獄的矯正制度不應該只為懲罰，而應為矯正，使犯人能恢復社會正常生活。

可見，人權觀點認為自由刑也該追求協助受刑人更生的目標。社會期待傷害他人之人應該受到處罰，也在意他們在監獄中過太好，但出獄後更生人還是會回到我們的生活中。那麼我們或許該思考的是：我們會希望曾經犯罪的人離開監獄後，成為我們的鄰居、與我們在同間餐廳吃飯、在街上與我們擦肩而過，變成什麼模樣？

人權非特權，誰都無法否定另一個人的基本人權[2]

二〇一七年年初台灣完成了兩公約第二次國家報告審查會議，委員們建議「放寬嚴苛的施用毒品政策」。法務部與司法院對此態度勉強，法務部尤其認為「將毒品犯放出，恐危害社會治安，萬萬不可」。在台灣，政府對於用藥者（或一般稱吸毒者）的討論仍停留在「怎麼處罰才合理」，而鮮少反思「處罰與否」這個問題。

聯合國健康權特別報告員普拉斯（Dainius Pūras）在二〇一六年關於青少年健康的報告中，提到不分青紅皂白地將用藥者一律打成罪犯，違反了國家保護個人健康權的法律義務。普拉斯的前任報告員葛羅佛（Anand Grover）早在二〇一〇年報告中，建議各國取消懲罰性的毒品管制手段。全球藥物政策委員會（Global Commission on Drug Policy）在二〇一六年報告中也強調：對於藥物交易的基層人員（如供應、運送及種植者）必須實施替代性措施，因為他們大多是非暴力、為改善經濟的，嚴懲他們是不正義的，也會加劇他們的脆弱性。

這些主張的基礎在於，健康權是人人都享有，當然包括「用藥的人」和「對藥物產生依賴的人」，而一個人的生活習慣與精神狀況，不該影響他享有所有人權的機會。這裡，不把用藥者與成癮者混為一談是關鍵——依世界衛生組織的定義，後者指的是一種會不斷復發的慢性機能失調，涉及大腦功能改變，因此可能需要醫療手段介入；然而，用藥這個行為本身並非疾病，事實上大部分用藥者對藥物並無產生依賴，不需要治療。

許多國家採取「零容忍」毒品政策以合理化極端手段。目前世界上尚有三十餘國保有毒品罪之死刑（每年約千人被執刑），不僅造成刑事司法與監獄系統過重負擔，也使受刑人處遇環境非常惡劣，毒品犯更常受到檢警侮辱，政府也不太在乎他們是否能回歸社會。刑罰不僅會渲染道德恐慌，亦掩蓋了不同用藥者的需求與處境（如失學、無家、家暴、創傷經驗、同儕影響、社交需求、職場壓力、長期身體疼痛等）。刑處附帶之污名不僅不符合比例原則，亦常惡化用藥者問題，令他們不敢求助、斷絕人際連結、抗拒醫療介入等。

不過，也不是把所有用藥者都抓去強制治療就好了。對健康權最嚴重的侵害，往往就發生在「懲戒性治療」的過程中，比如受到醫護人員排擠、被強迫勞役，甚至被迫接受沒有實證根據的試驗性療法。換句話說，用藥者一旦被丟去治療，他們對醫療手段的「知情同意權」多半被完全漠視。很多國家的勒戒措施會否定用藥者「知情同意」的能力，但假如當事人真的已經產生理性判斷的障礙，國家該做的應該是提供適當的輔助機制以消除決策上的困難，而非直接剝奪他了解並同意治療手段的權利。

人權規範並非要求國家憐憫用藥者，而是希望國家根據《經濟社會文化權利國際公約》履行它保護所有人不受歧視的義務。如果政府能為一般社會大眾提供許多具有實證基礎、重視醫病關係、避免傷害風險、保護個人隱私的健康服務，那麼為何對用藥者就不行呢？人權並非特權，國際社會正積極倡議各國政府提供可負擔且品質穩定的健康服務，包括物質成癮替代療法、安寧照護、用藥安全教育、減害措施等——那麼台灣準備好了嗎？

1 改寫自蔡孟翰，〈從林克穎案談台灣監獄人權〉，法律白話文運動。

2 改寫自李柏翰，〈人權不是特權——「反毒戰爭」的健康權爭議〉，法律白話文運動。

思辨與討論

- 本章中，我們提到，人權宣言和相關條約所規範的只是確保個人生活「最低標準」——無論貴賤、犯罪人或受害者，一視同仁。當前台灣還有哪些地方可以改進嗎？

線索：思想上至少有兩個切入點：沈恩（Amartya Sen）在《正義的理念》（*The Idea of Justice*）中談到追求的「能力」；巴特勒（Judith Butler）在《戰爭的框架》（*Frames of War: When Is Life Grievable?*）提到「脆弱性」之肯認。

- 哪些規定讓你覺得對國家要求過高，或擔憂給予國家過度介入我們生活的理由？這本書裡面提到許多案例，哪個故事讓你印象最深刻（或衝擊最大），為什麼呢？

線索：這是個開放式命題，亦可參考趙恩潔主編的《南方的社會，學》。台灣在全球南方嗎？台灣亦擁有複數的南方，如何透過人權建構出包涵異己的倫理判準呢？

後記：人權倡議的工作日誌

這本書到這裡，我們已經讀了好多與《世界人權宣言》有關的故事。鏡頭拉回到當代的台灣社會，有許多人一直默默為眾人據以力爭各項權利之保全與實現，透過不同策略實踐他們對弱勢者的關懷、消解主流社會的誤解、抵抗國家的冷漠或濫權。最後就由冤獄平反協會、民間司改會、數位女力聯盟、新活力自立、國際勞工協會（TIWA）、人生百味與我們分享他們的倡議目標與人權工作經驗，透過訪談與書寫，與法律白話文運動一同為這本書劃下最在地、最深刻的句點，並同時展望更公平、更友善的台灣。

冤獄平反協會——柯昀青

書寫這段文字的時候，距離我推開辦公室大門、正式「登入」平冤的日子，正好五年。當時我對「冤案救援」的認知，就是個「非常法律」的議題，跟非法律人可能沒什麼關係，畢竟司法錯誤、無罪推定、非常救濟，這些聽起來跟非法律的世界實在有點遙遠。轉眼之間，五年過去，而我必須承認，我當初真的徹底「冤枉」了這份工作的核心精神。

冤案為什麼會發生？因為司法是由人進行審判，而人有太多犯錯的可能性——或者因為大意疏忽，或因為認知偏誤，或因為太用力追求我們想像的正義，因而無法看見其他相反的證據。更麻煩的還在後頭：一旦錯誤出現，要揪出錯誤、修正錯誤，往往難如登天。有些錯誤披著「正確無誤」的亮麗外衣，使人誤信；有些錯誤藏在檔案文件的細碎角落，隱密難尋；也有些錯誤儘管明顯可見，但系統內的人卻刻意視而不見、避而不談，就像國王身上的那件新衣。

正是在這個時候，需要有來自系統外部的力量，向眾人高喊：「可是國王沒穿衣服啊！」

無論是在鄭性澤案、謝志宏案、陳龍綺案，還是后豐大橋案，都可以看見非法律人的專家願意跳出來，成為那股勇敢的聲音，向司法系統直球對決，直指案件可能的問題，說服司法系統重新審視當年的有罪判決。這些勇敢聲音，往往是案件得以平反的關鍵，也是把無辜被冤者拉出司法深淵的強力繩索。

這也是為什麼平冤協會非常愛講「一條平冤路，千百人在途」這句話。司法會犯錯，但幸好，司法也可能認錯，只不過我們需要集結非常多人的力量齊聲吶喊，才可能開啟司法的糾錯之旅。而呼喊的工作，我想應該是越多人一起越好。

民間司法改革基金會——蔡孟筑

我是民間司改會的設計師，我們的工作是推動司法改革、進行冤案救援。前者比如監所改革，而後者如正在救援的邱和順案。我們開啟數個專案，組成律師團、志工團，從個案身上看見制度的問題，並從政府、法院與民眾等層次，進行溝通。

我負責宣傳工作，透過策展、圖文等，將我們的訴求，讓更多人知道。

「如何引起共鳴？」是最大的難處，因為司改的議題廣泛且艱澀，怎麼讓民眾有感，願意轉發，同時需拿捏力道，不為了觸及率罔顧個案正義。例如二〇二〇年籌備邱和順案的《海旺天光》展覽，民眾對「冤案」容易共鳴，但團隊不想刻意強調阿順有多悲慘，而專注在案件資訊與疑點，如何清楚傳達給民眾？關於他是怎樣的人，透過書信、聲音呈現出來，在展覽中，不會看見團隊對他的主觀詮釋。

從前，我只需要處理同事交付的資訊，做成圖卡向民眾溝通，而透過籌辦展覽的過程，我看見司改會救援十幾年的痕跡——參與過的人、做過的努力，全都認識了一遍。

當初進非政府組織工作，是受到三一八學運的啟蒙，不想再漠視台灣這塊土地上的問題，我要有能量與眾人一同改變。在司改會工作，經過《海旺天光》展覽，我感覺自己走在那條路上，有著與他們同樣的責任——這裡的日常，承載著他人掉落在常態分布外的非常，所有的嘗試都近似徒勞，卻又，彷彿若有光。

數位女力聯盟——張凱強

我目前的工作和過去大學的主修沒什麼太大關係。當年就讀的是公共關係暨廣告學習，但總覺得好像不是我所要的。後來在非政府組織的求職過程中，接觸到了婦女救援基金會，發現自己能共感性別議題倡議所能帶給社會的影響，也希望自己做的事能有社會意義，才一頭栽進了現在的工作，到二〇一九年正式發起數位女力聯盟迄今，在這個領域也投入了十來年了。

日新月異的數位科技發展，雖帶來許多便利，但當數位科技被濫用於性別歧視或性別暴力犯罪時，相較於傳統犯罪，對被害人造成的傷害往往是無可挽回的「數位烙印」——此類傷害往往因影片難以下架、被廣為流傳或議論，被害人面臨極大身心壓力。

如何在尋求法律協助時兼顧被害人陪伴與身心治療，會是我們提供協助時所遇到的最大困難。這對我來說，其實也造成身心上蠻大的壓力，雖然程度有別，但第一線工作仍會近距離感受到被害人的痛苦。

我國目前相關政策不僅明顯尚未足備，立法速度亦跟不上數位發展的腳步，這樣的狀況造成「數位人權」（digital human rights）保障之欠缺，而當相關案件在網路上被討論時，氛圍經常瀰漫著譴責被害人的偏頗觀點與厭女文化，不僅造成被害者的二度傷害與噤聲，更助長、加劇了數位性別暴力的合理化。

數位女力聯盟的目標在於防範一切數位科技形式之性別歧視與暴力，進而促進女人於數位時代的賦權，也希望未來在推動改革與倡議工作時，能喚起政府機關及社會大眾對數位性別暴力問題的了解與正視，彌補現行法規之疏漏，改變媒體與主流社會中的厭女現象，為犯罪被害人充權，促使每一位女人和女孩在數位環境中都能獲得安全與平等的對待。

國際勞工協會——陳秀蓮

我當初投身社會運動的契機跟個人與時代背景有關。我大學念的是新聞系，一開始起心動念是想要用記者的觀點去呈現社會上的問題，而當時台灣正在討論要如何加入世界貿易組織，由於會對很多產業產生衝擊，就有不少的抗議行動發生，我也開始關注各個社會運動和抗爭——靠得越近，就對越多事情產生疑惑，比如階級對社會的影響。

後來對新聞產業認識越深，越覺得記者不是自己想做的事，加上有先前參與社會運動的一些經驗，我就去念了社會發展研究所，也是在那個時候認識TIWA（台灣國際勞工協會）的，至今已經在這個組織待了十五年了。之所以會選擇加入TIWA，是因為當時的TIWA是全女性團體，整個組織是沒有階層化的，一群人能夠為了同樣的理念投入與工作，進而形成集體的力量，對我來說是很吸引人也很重要的事，也是在TIWA讓我學習到新的看見社會問題的方式，無論是性別、階級或其他議題，也都能從新的面向去思考。

具體來說，這十幾年中做了許多個案的工作，內容包括要提供法律知識、跟資方談判、舉辦記者會、投身移工運動，甚至兼任社工和生活代理人的角色。其實壓力並非不大，尤其移工時常處在弱勢的位置，他們遇到的那種無力感與挫折感，第一線和他們接觸的我也會受到影響，但也因為在TIWA這樣重視團隊且沒有階層的組織中，我和同事們都能夠凝聚集體的力量，協助彼此面對那些無力與壓力。

這幾年，從二〇一七的阮國非（越南籍移工）案件開始，我感受到台灣社會的一些變化。過往，台灣民眾大多只看得見一個事件的結果，忽略長期的結構性成因，現在的輿論和觀點開始比較願意去探究整件事完整的脈絡，也有更多人願意去了解移工在台灣社會中面臨到的系統性困境。

然而，從TIWA的五大訴求來看——廢除私人仲介制度、立法保障家務工、移工得自由轉換雇主、取消藍領移工工作期限，以及移工政策決定權。經過了近二十年以來，也還是一樣的五大訴求，可見台灣對於移工議題的態度和相關制度仍沒有多大改變。在未來，我希望移工能漸漸成為勞權運動的主題之一，而台灣社會能夠意識到，缺工是未來的問題，要改變當下「雇主是老大」的心態，並建立健康且安全的移工勞動場域與工作環境。

新活力自立生活協會——林君潔

為何會投入新活力自立生活協會的倡議與推廣，確實與我自身有關。身為一名「重度」障礙者，在前往日本身心障礙者自立生活中心研修後，發現「障礙」減少或消失了，竟感到如此自由！在台灣，除了無障礙空間不足外，當時的照顧模式是拘束的，以保護為重、復元為主，卻忽略了障礙者其實在適當協助下，是可以有自己生活、學習與工作的。

當時一個令我印象很深刻的場景：一名障礙者，在有個人助理提供協助的狀態下，是可以自己完成日常生活的想望，包括戴上隱形眼鏡、化妝、抽菸、喝酒等。這樣的「自立」生活，讓我對障礙者運動有了新的想法。

在這十餘年間的推廣工作中遇到的困境不少——除了常討論到的無障礙場域空間、身心障礙者相關法律保障不足等客觀問題外，要如何轉變社會大眾的觀念才是最難的。社會過往對障礙者的刻板印象（如認為障礙者是病人、無法完成生活大小事等觀念）根深柢固在大家心中。因此，當我們在推動障礙者自立生活時，不只有非障礙者會質疑這樣真能幫助障礙者嗎？障礙者自身也會懷疑，擔心自己是否真能在他人協助下達到自立生活的目標。

然而，這些其實都是傳統的「自立自強」觀念，而非我們想傳達、具備完善自主性思考、以人權保障為主的自立生活。新活力自立想告訴大家的是：障礙者並非需要被過度保護的人，我們的障礙是生命多元的一項特徵，並不需要被強調或感到羞恥。在推廣相關觀念和社會溝通上，我會說，我們有所進展，但腳步仍稍嫌緩慢。

這幾年，除了立法遊說、對《身心障礙者權利公約》國內法化的倡議與觀念推廣外，協會最具體的工作任務應該就是「個人助理」了。個人助理指的是協助身心障礙者生活所需，提高障礙者自主權、為障礙者減少障礙的工作。和過往照顧模式差異最大的地方在於，個人助理會依照障礙者的意願且只是提供協助，這對自立生活目標之達成極為重要。從試辦計畫到入法，我們培訓了許多個人助理，協助許多障礙者達到自立生活的目標。

關於未來，我希望台灣可以成為一個更加多元的社會，慢慢翻轉大眾對生命價值的看法，讓社會與障礙者都體認到，「眾人的生命，都是兼具普通及美好的。」

人生百味文化建構協會——羅靖茹

我來自人生百味，一個做無家者的直接服務、也做大眾倡議的非政府組織。對於無家者的服務，我們有幾個不同面向：一是和社會局合作的空間，提供無家者盥洗和休憩；也和企業合作，設立無家者中短期住宿的小型據點；並在街頭提供服務的外展工作。

生活在街頭並不是個好的選項，但仍十分慶幸還有街頭可以接住這一群人。我服務無家者的時間並不算長，恰好就是這兩、三年裡，經歷了全世界共同面對的疫情。

那時的「同島一命」似乎少了某些人——我所知道的貧困身影，被排除在人們彼此信任、保護的範圍以外。也許並非刻意排除，但這些未知與恐懼的情緒使人們無法真誠地對待「不守序」的人們。露宿在車站、街道、公園的無家者，二十四小時面對外界檢視，無處可藏。僅是脫下口罩飲水、吃便當的行為，經常被放大解讀成不配合防疫政策；發放物資的行動，被解讀成群聚；還有更多檢舉，或是網路上的訕笑與謾罵。

張優遠在《不平等的樣貌》一書中提到，「尊嚴就像乾淨的空氣，除非短缺，否則我們不會注意到它的不足；你不會發現自己多需要尊嚴、尊嚴對你來說有多重要，直到你失去它為止。」

便利的科技使人人都能成為蒐證高手，好幾次車站的無家者們向我反映（其實也不只是疫情期間），人們來到車站，任意拍攝生活在這裡的人。有時被拍攝者（無家者）會發現，但大多不會上前詢問：「你是不是在拍我？」這牽涉到很多複雜的原因，可能是自卑，或是擔心上前盤問反而惹上麻煩等。

我們不妨去思索，他們究竟是自甘墮落流浪的人，還是只剩街頭可以去的人？有不少我認識的無家者，只要看到發物資的人群裡有疑似記者的身影，拿著麥克風或攝影機，便掉頭就走。「我只是拿你一個便當，就要給你拍照嗎？」即便是露宿街頭的人，也有被尊重的需求，他們努力工作、掙扎著在都市狹縫中求生，用自己的勞動力換取溫飽，渴望能活得有尊嚴。

這對我來說是一個很重要的提醒：不要忘了，站在你眼前的是一個活生生的人。有血有肉，有自己的需求，會哭會笑，也會想談戀愛；我們看見街頭露宿的身影，只不過是他生活的其中一個面向罷了。

身為一位非政府組織工作者，一部分是從自己的位置，做現行體制內無法做到的事情，相互補位；也還會期待，生活在這座島上的人們能一同為社會織起綿密的網，承接更多不同樣態的人。如果每一個人都能為眼前的人——無論身分地位如何——多敞開一點，這個社會一定能變得更溫柔吧！

國家圖書館出版品預行編目資料

公民不盲從：生而為人，如何有尊嚴地活著——國家能賜死人民嗎？能投票就是民主？防疫就能限制出入境？收入低就該餓肚子嗎？……30堂基本人權思辨課／法律白話文運動著. -- 初版. -- 臺北市：麥田出版：英屬蓋曼群島商家庭傳媒股份有限公司城邦分公司發行，2022.06
面；　公分. -- (人文；26)
ISBN 978-626-310-242-2（平裝）

1.法律　2.人權　3.通俗作品

580　　111007014

人文 26

公民不盲從：生而為人，如何有尊嚴地活著

——國家能賜死人民嗎？能投票就是民主？防疫就能限制出入境？收入低就該餓肚子嗎？……30堂基本人權思辨課

作　　者　法律白話文運動
責任編輯　林秀梅

版　　權　吳玲緯　楊　靜
行　　銷　闕志勳　吳宇軒　余一霞
業　　務　李再星　李振東　陳美燕
副總編輯　林秀梅
編輯總監　劉麗真
事業群總經理　謝至平
發 行 人　何飛鵬
出　　版　麥田出版
台北市南港區昆陽街16號4樓
電話：886-2-25000888　傳真：886-2-25001951
發　　行　英屬蓋曼群島商家庭傳媒股份有限公司城邦分公司
台北市南港區昆陽街16號8樓
客服專線：02-25007718；25007719
24小時傳真專線：02-25001990；25001991
服務時間：週一至週五上午09:30-12:00；下午13:30-17:00
劃撥帳號：19863813　戶名：書虫股份有限公司
讀者服務信箱：service@readingclub.com.tw
城邦網址：http://www.cite.com.tw
麥田部落格：http://ryefield.pixnet.net/blog
麥田出版Facebook：https://www.facebook.com/RyeField.Cite/
香港發行所　城邦（香港）出版集團有限公司
香港九龍九龍城土瓜灣道86號順聯工業大廈6樓A室
電話：852-25086231　傳真：852-25789337
電子信箱：hkcite@biznetvigator.com
馬新發行所　城邦（馬新）出版集團
Cite（M）Sdn. Bhd.（458372U）
41, Jalan Radin Anum, Bandar Baru Seri Petaling,
57000 Kuala Lumpur, Malaysia.
電話：+6(03)-90563833　傳真：+6(03)-90576622
電子信箱：services@cite.my

設　　計　Jupee
印　　刷　沐春行銷創意有限公司

初版一刷　2022年6月28日
初版四刷　2024年7月16日

售價／380元
ISBN 9786263102422
9786263102453（EPUB）

城邦讀書花園
www.cite.com.tw